북경대에서 온

국내 최다

新HSK

5급 공략
실전 모의고사

북경대에서 온 국내 최다

新 HSK 5급 공략 실전 모의고사

저 자	沈灿淑 夏小芸 王建强 刘 影 편저
발 행 인	윤우상
총 괄	윤병호
책임편집	최준명
인 쇄 일	2015년 11월 05일
발 행 일	2015년 11월 13일
발 행 처	송산출판사
주 소	서울특별시 서대문구 통일로 32길 14 (홍제동)
전 화	(02)735-6189
팩 스	(02)737-2260
홈페이지	www.songsanpub.co.kr
E-mail	songsan1@korea.com
등 록 일	1976년 2월 2일 제9-40호

ISBN 978-89-7780-213-1 14720
      978-89-7780-209-4 (세트)

이 도서의 국립중앙도서관 출판예정도서목록(CIP)은 서지정보유통지원시스템 홈페이지
(http://seoji.nl.go.kr)와 국가자료공동목록시스템(http://www.nl.go.kr/kolisnet)에서 이용
하실 수 있습니다. (CIP제어번호 : CIP2015001171)

북경대에서 온

국내 최다

新HSK

5급 공략
실전 모의고사

沈灿淑　夏小芸　王建强　刘 影 편저

송산출판사

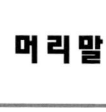

머리말

중국 국가한반조직이 연구 개발한 신HSK는 국제 중국어능력 표준화 시험으로, 2009년부터 전 세계적으로 널리 보급되어, 각국의 중국어 학습자들에게 널리 환영을 받아 왔다.

그러나 구HSK와 비교해서, 신HSK는 설계이념과 측정목적에서 큰 차이가 있다. 신HSK는 "시험과 교육을 연계한다", "시험으로써 교육을 촉진시키고", "시험으로써 배움을 촉진시킨다"는 원칙을 강조하여, 응시생의 중국어능력의 발전을 촉진함을 중요시하였다.

등급 설정과 문제의 설계상에서도, 신HSK는 구HSK와 현저한 차이가 있다. 신HSK는 필기시험 6단계와 구술시험 3단계를 설치하여, 시험의 전파범위를 한층 확대하였고, 문제 설계상에서는 응시생의 실제언어 활용능력과 비언어적 지식의 장악 정도를 측정함을 더욱 강조하였다.

새로운 측정이념과 새로운 문제 유형에 직면하여 많은 선생님들, 특히 언어지식 분석방식으로 문제를 풀이하는 구HSK에 습관이 되어 있는 선생님들은 왕왕 신HSK 지도에 손댈 길이 없으며, 새로운 문제유형에 대하여 풀이할 방법이 없었다. 동시에 많은 응시생들은 신HSK의 문제유형의 특징을 이해할 수 없으므로, 왕왕 어떻게 시험을 준비해야할지 몰랐다.

신HSK가 나온 이후, 北京大学出版社는 신HSK의 발전에 시종 깊은 관심을 갖고 전폭적으로 지지하였고, 신HSK 측정이론과 실천에 대해 비교적 깊은 연구와 탐구를 진행하였으며, 또한 이를 기초로 하여 신HSK의 연구자와 일선 선생님들을 조직하여, 일련의 모의시험과 시험보충교재를 출판하여, 일선 지도 선생님들과 광대한 응시생을 위해 유익한 도움을 제공하여 왔다.

본서는 北京大学出版社와 송산출판사가 공동으로 문제를 개발하여, 출제와 출간을 공동으로 진행한 것이다. 신HSK에 응시하는 학생들이 최대한 많은 문제를 접하고 시험에 임할 수 있도록 8회분의 모의고사를 수록하였다.

이 모의시험은 실제문제와 유사성이 높은 특징을 갖고 있다. 시험의 대강(大纲)을 엄격히 준수하였으며, 출제기관에서 공포한 시험 문제의 설계를 참조하였기 때문이다. 본 시리즈의 문제집을 통해, 응시생들은 현재의 수준을 평가하는 효과적인 테스트가 되어 더욱 중국어 활용능력을 높일 뿐 만 아니라, 시험을 준비하는 방법 및 응시 기술을 장악하기 바란다.

북경대학출판사

중국어 및 언어학 편집부

목차

신 한어수평고시(HSK) 소개

한어수평고시(HSK)가 중국어 학습자에게 더 좋은 서비스를 제공하기 위하여 중국 국가한반은 중외 중국어 교육, 언어학, 심리학과 교육 측정학 등 영역의 전문가를 조직하여, 해외의 실제 중국어 교육 상황을 충분히 조사하고 이해한 기초를 바탕으로, 기존 HSK의 장점을 살리고 최근 국제 언어 테스트 연구의 최신 성과를 참고하여 신 한어수평고시 (HSK)를 실시하게 되었다.

1. 시험 구조

신 HSK는 국제 중국어 능력 표준화 수준 시험으로 중국어가 모국어가 아닌 수험생의 생활, 학습과 업무에 중국어를 이용하여 소통하는 능력을 중점 측정한다. 신 HSK는 필기시험과 구술시험으로 나누어져 있으며, 필기시험과 구술시험은 서로 독립되어 있다. 필기시험은 HSK(1급), HSK(2급), HSK(3급), HSK(4급), HSK(5급), HSK(6급)으로 나누어져 있다. 구술시험은 HSK(초급), HSK(중급), HSK(고급)으로 나누어져 있으며, 녹음 형식을 채택한다.

필기시험	구술시험
HSK (6급)	HSK (고급)
HSK (5급)	HSK (고급)
HSK (4급)	HSK (중급)
HSK (3급)	HSK (중급)
HSK (2급)	HSK (초급)
HSK (1급)	HSK (초급)

2. 시험 등급

신 HSK 각 등급과《국제 중국어 능력 표준》,《유럽언어 공동 참고 프레임(CEF)》의 대응 관계는 아래 표와 같다:

신 HSK	어휘량	국제 중국어 능력 표준	유럽언어 프레임 (CEF)
HSK (6급)	5,000 및 이상	5급	C2
HSK (5급)	2,500		C1
HSK (4급)	1,200	4급	B2
HSK (3급)	600	3급	B1
HSK (2급)	300	2급	A2
HSK (1급)	150	1급	A1

HSK(1급)를 통과한 수험생은 매우 간단한 중국어 단어와 문장을 이해하고 사용할 수 있으며, 구체적인 소통을 할 수 있으므로 진일보한 중국어 학습 능력을 갖추었다.

HSK(2급)를 통과한 수험생은 익숙한 일상 화제에 대해 중국어로 간단하고 직접적인 교류를 할 수 있으며, 초급 중국어 우수 수준에 도달하였다.

HSK(3급)를 통과한 수험생은 중국어로 생활, 학습, 업무 등 방면의 기본 교제 임무를 완성할 수 있으며, 중국에서 여행 시 만나는 대부분의 교제 임무를 대처할 수 있다.

HSK(4급)를 통과한 수험생은 비교적 광범위한 영역의 화제에 대해 중국어로 토론을 진행할 수 있으며, 중국어를 모국어로 하는 사람과 비교적 유창하게 교류를 할 수 있다.

HSK(5급)를 통과한 수험생은 중국어 정기 간행물과 잡지를 읽고 중국어 영화와 TV 프로그램을 감상할 수 있으며, 중국어로 비교적 완전한 연설을 할 수 있다.

HSK(6급)를 통과한 수험생은 중국어 정보를 수월하게 알아듣거나 읽을 수 있으며, 구두 또는 서면 형식으로 유창한 중국어를 이용하여 자신의 견해를 표현할 수 있다.

3. 시험 등급

신 HSK는 "시험과 교육의 결합"의 원칙을 따르고, 시험 설계는 현재 국제 중국어 교육 현황, 교재사용과 긴밀하게 결합하며, 목적은 "시험으로 교육을 촉진하며", "시험으로 학습을 촉진한다" 이다.

신 HSK는 평가의 객관성, 정확성을 중시하며 수험생의 중국어 응용 능력의 발전을 더욱 중요시한다.

신 HSK는 명확한 시험 목표를 제정하여, 수험생이 계획적이고 효과적으로 중국어 응용 능력을 향상시키기에 편하도록 한다.

4. 시험 용도

신 HSK는 기존의 HSK 중국어 능력 시험의 객관적인 평가의 연속으로 성인 중국어 학습자를 대상으로 한다. 신 HSK의 성적은 다양한 수요를 만족시킬 수 있다:

(1) 대학의 학생모집, 분반수업, 과정면제, 학점수여 등을 위해 참고 근거를 제공한다.

(2) 인재모집 기관의 채용, 양성, 직원의 진급 등에 참고 근거를 제공한다.

(3) 중국어 학습자가 자신의 중국어 응용 능력을 이해하고 향상시키는데 참고 근거를 제공한다.

(4) 관련 중국어 교육 부서, 양성 기관의 교육 평가 또는 양성 효과 등에 참고 근거를 제공한다.

5. 성적 보고

시험 종료 후 3주내에 수험생은 국가 한반이 수여한 신 HSK 성적 보고를 획득한다.

신HSK (5급)소개

 HSK (5급)은 수험생의 중국어 응용능력을 테스트하며, 등급은 ≪국제한어능력표준≫ 5급, ≪유럽 언어 공동 참고 프레임 (CEF) ≫ C1급에 해당된다. HSK (5급)테스트를 통과한 수험생들은 중국어 시문과 잡지를 열람할 수 있으며, 중국어 영상물도 감상할 수 있고, 중국어로 비교적 완벽한 연설을 할 수 있다.

一、시험 대상자
 HSK (5급) 은 주로 매주 2-4시간씩 2년 동안 공부하고, 2500개의 상용어휘를 알고 있는 수험생에 해당 된다.

二、시험 내용
HSK(5급)은 총 100문제이며, 듣기, 독해, 쓰기 3부분으로 나누어져 있다.

시험 내용		시험문제 수 (문항)	시험시간 (분)
一 듣기	제1부분	20	약 30분
	제2부분	25	
답안지 작성			5분
二 독해	제1부분	15	45분
	제2부분	10	
	제3부분	20	
三 쓰기	제1부분	8	40분
	제2부분	2	
합계	/	100	약 120분

 시험 총 시간은 125분이다.(수험생 개인정보 입력시간 5분 포함)

1. 듣기

제1부분은 총 20문항이다. 모든 문제는 한 번씩 들려준다. 모든 문제는 두 사람의 대화로 이루어져 있으며, 두 문장으로 구성되어 있다. 세 번째 사람이 대화와 관련된 질문을 한다. 응시자는 시험지에 주어진 4개의 선택 항목 중에서 정답을 고른다.

제2부분은 총 25문항이다. 모든 문제는 한 번씩 들려준다. 모든 문제는 4-5 문장으로 구성된 대화 또는 단문이다. 이 내용을 들려준 후 내용과 관련된 하나 또는 여러 개의 질문을 한다. 응시자는 시험지에 주어진4개의 선택 항목 중에서 정답을 고른다.

2. 독해

제1부분 총 15문항이다. 이 부분 문제는 몇 편의 단문으로 구성되어 있으며, 단문 가운데에는 여러 개의 빈칸이 있다. 빈칸은 단어 하나 혹은 문장 하나로 채워야 한다. 응시자는 시험지에 주어진4개의 선택 항목 중에서 정답을 고른다.

제2부분은 총 10문항이다. 모든 문제는 하나의 단문과 4개의 선택 항목으로 구성되어 있다. 응시자는 시험지에 주어진 항목 4개 중에서 본문내용과 일치한 것을 선택한다.

제3부분은 총 20문항이다. 모든 문제는 몇 편의 단문으로 구성되어 있다. 제시된 단문 뒤에는 몇 개의 질문이 주어진다. 응시자는 4개의 선택 항목 중에서 정답을 선택한다.

3. 쓰기

제1부분은 총8문항이다. 모든 문제는 여러 개의 단어가 제시되어 있다. 응시자는 주어진 단어를 사용하여 하나의 문장을 만든다.

제2부분은 총2문항이다. 첫 번째 문항에서는 여러 개의 단어가 제시되며, 응시자는 제시된 단어들을 사용하여 80자 내외로 구성된 단문을 작성한다.
두 번째 문항에서는 하나의 그림이 제시되며, 응시자는 그 그림을 근거로 80자 내외로 구성된 단문을 작성한다.

三、성적 통지

HSK(5급)성적통지는 듣기, 독해, 쓰기와 합계 점수를 제공하며 합계가 180점이면 합격이다.

	만점	당신의 점수
듣기	100	
독해	100	
쓰기	100	
합계	300	

　　HSK성적은 장기간 유효하다. 외국인 유학생으로 중국의 대학에 진학할 때 중국어능력 증명서로 쓸 경우, 유효기간은 2년이다(시험당일부터 계산한다).

HSK（五级） 成绩报告

 **国家汉办/孔子学院总部**
Hanban/Confucius Institute Headquarters

新 汉 语 水 平 考 试
Chinese Proficiency Test

HSK（五级） 成绩报告
HSK (Level 5) Examination Score Report

姓名：
Name _____

性别：   **国籍：**
Gender _____ Nationality _____

考试时间：   年   月   日
Examination Date _____ Year ____ Month ____ Day

编号：
No. _____

	满分(Full Score)	你的分数(Your Score)
听力 (Listening)	100	
阅读 (Reading)	100	
书写 (Writing)	100	
总分 (Total Score)	300	

总分180分为合格 (Passing Score: 180)

主任
Director _____

中国 · 北京
Beijing · China

新 汉 语 水 平 考 试
HSK（五级）
全真模拟试题
（第1套）

注　　意

一、**HSK**（五级）分三部分：

    1．听力（45 题，约 30 分钟）

    2．阅读（45 题，45 分钟）

    3．书写（10 题，40 分钟）

二、**听力结束后，有 5 分钟填写答题卡。**

三、全部考试约 125 分钟（含考生填写个人信息时间 5 分钟）。

中国　北京　　　　　　　×××× / ×××××× 　编制

一、听　力

第 一 部 分

第 1—20 题：请选出正确答案。

1. A 5 天时间太长了
   B 他只能参加 4 天
   C 会议改为 4 天了
   D 会议时间提前了

2. A 责备
   B 表扬
   C 吃惊
   D 感谢

3. A 男的可以当交换学生
   B 男的很想当交换学生
   C 这次考试男的没及格
   D 女的希望男的能成功

4. A 6 月底
   B 7 月中旬
   C 下个月初
   D 今年年底

5. A 想喝一杯浓茶
   B 有点儿睡不着
   C 下午睡过觉了
   D 觉得时间不晚

6. A 参加汉语比赛
   B 准备吃的东西
   C 打算努力减肥
   D 放弃参加比赛

7. A 想买下这套服装
   B 不喜欢服装样式
   C 建议改变颜色
   D 想看别的设计

8. A 不想来这里工作
   B 工作经验很丰富
   C 决心认真地学习
   D 打算学计算机专业

9. A 喜欢下大雪
   B 不打算回家
   C 坐汽车回家
   D 想买火车票

10. A 小张
    B 老板
    C "我"一个人
    D 小张和"我"

11. A 他们非常生气
    B 女的手表坏了
    C 邮局提前下班了
    D 男的忘记了约会

12. A 邻居
    B 同事
    C 朋友
    D 亲戚

13. A 6 月 26 日
    B 6 月 27 日
    C 6 月 28 日
    D 6 月 29 日

14. A 飞机上
    B 车厢里
    C 商店里
    D 汽车上

15. A 最近温度会降低
    B 天气会越来越热
    C 女的很喜欢秋天
    D 天气预报不准确

16. A 测验
    B 参观
    C 等人
    D 采访

17. A 他不会说的
    B 他没买礼物
    C 他不住这儿
    D 他已经说了

18. A 广告不用修改
    B 问题已经解决
    C 女的也没有办法
    D 女的觉得很愤怒

19. A 售货员
    B 业务员
    C 记者
    D 导游

20. A 早上
    B 中午
    C 下午
    D 晚上

第21—45题：请选出正确答案。

21. A 男的和女的在约会
    B 男的想买一件泳衣
    C 男的一年没游泳了
    D 办一年的卡有优惠

22. A 她在机场上班
    B 她想坐出租车
    C 她决定坐地铁
    D 她听到了广播

23. A 买了一些菜
    B 在学习做菜
    C 做菜很好吃
    D 打算开饭店

24. A 多拍一些照片
    B 穿得时髦点儿
    C 开始注意节约
    D 经常锻炼身体

25. A 当编辑
    B 学文学
    C 写小说
    D 考大学

26. A 管理人员
    B 技术人员
    C 编辑人员
    D 医护人员

27. A 是京剧演员
    B 年纪比较大
    C 教京剧表演
    D 对京剧没兴趣

28. A 海边
    B 北方
    C 家乡
    D 南方

29. A 告别
    B 登机
    C 吃饭
    D 学习

30. A 他们想去买电池
    B 男的不喜欢拍照
    C 照相机没电了
    D 女的不太高兴

31. A 不爱看电视
    B 在电台工作
    C 现在去开会
    D 要参加表演

32. A 父女
    B 母子
    C 朋友
    D 夫妻

33. A 杂志编辑
B 商店经理
C 服装设计
D 市场调查

34. A 去别的地区旅行
B 打扮得更加时尚
C 采访一些年轻人
D 负责这一期杂志

35. A 到池子边喝水
B 看什么是幸福
C 找人讨论哲学
D 过平常的生活

36. A 懂很多哲学问题
B 免费给别人水喝
C 互相信任和帮助
D 能教育好小孩子

37. A 教室
B 机场
C 火车站
D 体育场

38. A 比赛正在进行
B 表演已经结束
C 开幕式马上开始
D 大家可以离开了

39. A 古代的画儿
B 好吃的东西
C 可爱的小动物
D 画着龙的东西

40. A 送他礼物
B 跟他见面
C 问他问题
D 向他学习

41. A 害怕极了
B 非常高兴
C 有些怀疑
D 比较吃惊

42. A 其实并不喜欢真的龙
B 有时候会说假话骗人
C 对龙的性格非常了解
D 是一个极其勇敢的人

43. A 两种
B 三种
C 四种
D 五种

44. A 洗脸的方法
B 自然的规律
C 坚持早睡早起
D 随时增减衣服

45. A 尽量好好休息
B 保持心情愉快
C 用盐水洗鼻子
D 换件干净衣服

二、阅读

第 一 部 分

第 46—60 题：请选出正确答案。

46—48.

爸爸带着儿子去逛百货商店，在玩具柜台前，儿子看中了一个金属做的摇铃，就吵着让爸爸送他一个___46___生日礼物。父亲想了想，说："我可以给你买一个，但是我们要定一个___47___，那就是你不能一直摇它，那样会闹得我头痛。"孩子回答："放心吧，爸爸，我一定很___48___，我会每天等你睡觉以后再摇，不会打扰你的。"

46. **A** 准备　　　**B** 作为　　　**C** 交换　　　**D** 购买
47. **A** 法律　　　**B** 程序　　　**C** 传统　　　**D** 规矩
48. **A** 逗　　　　**B** 乖　　　　**C** 困　　　　**D** 忙

49—52.

中国古代有这样一个著名的故事：杨时和另一位学生去看老师程颐，程颐的家人请他们进去，但是告诉他们老师可能在休息，杨时说："___49___，我们等一下。"走到门前，果然看见老师在睡觉。杨时他们不愿意打扰老师，就在门外___50___，没有离去。过了一会儿，突然开始下雪了，但是程颐还没有醒，杨时他们仍然安静地站在门外，一动也不动。等程颐醒来的时候，看见两个人站在雪地里，雪已经积得很深了。杨时那个时候四十多岁，已经是非常有名的学者了，可仍然很___51___老师。这个故事让许多人觉得感动，他们的行为也受到了人们的称赞。"程门立雪"后来成为一个成语，___52___。

49. **A** 不见得　　　**B** 不要紧　　　**C** 差不多　　　**D** 来得及
50. **A** 保留　　　　**B** 到达　　　　**C** 等候　　　　**D** 度过
51. **A** 安慰　　　　**B** 保护　　　　**C** 感激　　　　**D** 尊敬
52. **A** 有很多很多的感想　　　　　　**B** 做出了很大的贡献
　　　C 一直流传到了今天　　　　　　**D** 这个故事格外难忘

53—56.

老张非常爱吃，又不常运动，所以体重不断增加，身体也出现了很多问题。妻子__53__他赶紧去看医生。没办法，老张只好去了趟医院。医生给老张做了仔细的检查，然后告诉他必须得开始减肥，否则会有严重的__54__。医生建议他平时多喝茶，多运动，还得__55__饮食。老张问："我该怎么做呢？"医生说："每餐吃一片面包，再吃点儿蔬菜和水果，__56__。"老张高兴地回答："这太容易了！不过，请问应该在饭前吃还是在饭后吃呢？"

53. **A** 催　　　　**B** 趁　　　　**C** 称　　　　**D** 扶
54. **A** 反应　　　**B** 影响　　　**C** 结果　　　**D** 后果
55. **A** 降低　　　**B** 控制　　　**C** 停止　　　**D** 缩小
56. **A** 坚持三个月左右　　　　　**B** 身体会有很多毛病
　　 C 各人的口味不同　　　　　**D** 马上检查一下身体

57—60.

人的注意力会发生变化吗？为什么会发生变化呢？有心理学家__57__了"注意力恢复"理论：人的注意力是很难保持的，你的注意力在上午比较__58__，下午就会放松；你注意大事情，那么就没有__59__再注意小事情了。如果你在河边散步时惊起了几只小鸟，这会引起你的注意，但是不会让你情绪不安，所以使用的心力很少，注意力很快就可以恢复。但是如果一辆车差点儿撞到你，你的注意力就会被用掉很多，同时还会产生吃惊、难过或者愤怒等情绪，在短时间内，__60__。

57. **A** 表现　　　**B** 参与　　　**C** 提出　　　**D** 产生
58. **A** 集中　　　**B** 经历　　　**C** 具备　　　**D** 扩大
59. **A** 对象　　　**B** 精力　　　**C** 概念　　　**D** 理由
60. **A** 你的心情会不断地变化　　　**B** 不要怀疑你所看见的事情
　　 C 你会特别关注交通规则　　　**D** 这些激烈的情绪很难恢复

第 二 部 分

第61—70题：请选出与试题内容一致的一项。

61. 我经常对希望成功的年轻人说："当机会来的时候，千万要抓住。"有的年轻人怕自己会出错，情愿拒绝。其实不必害怕，尽量利用机会才是最重要的。给你再多的钱，都比不上给你一个机会珍贵。

   A 成功的关键是要抓住机会
   B 机会来的时候人人都害怕
   C 只有年轻人需要抓住机会
   D 要花很多钱才能得到机会

62. 黄山位于安徽省南部，有"天下第一奇山"之名。著名旅行家徐霞客留下了"五岳归来不看山，黄山归来不看岳"的感叹。1985年黄山入选中国"十大风景名胜"，1990年成为"世界文化与自然遗产"。

   A 黄山还有一个名字叫"奇山"
   B 徐霞客认为五岳比黄山还美
   C 中国一共只有十个风景名胜
   D 黄山在中国是非常有名的山

63. 女性在日常生活中应该如何保护脚部？专家建议尽量少穿高跟鞋，如果因为工作原因或其他原因不得不穿的话，一回家最好立即换下高跟鞋，同时用热水泡脚，放松肌肉。

   A 穿高跟鞋可以锻炼身体
   B 少穿高跟鞋可以保护脚
   C 女性穿高跟鞋非常美丽
   D 女性每天要用热水泡脚

64. 在中国，按照国家规定，临街的商店、银行、公司等如果安装空调，不允许将空调外机直接安装在面对大街的地方。因为在炎热的天气里，这些空调的外机会向街上的行人吹出热风，变成人人讨厌的"暖风机"。

A 每个人都很讨厌暖风机

B 空调外机不能朝向大街

C 临街的商店必须装空调

D 街上的行人要注意安全

65. 娃娃鱼是国家保护动物，非常珍贵，因为它的叫声很像孩子的哭声，所以人们叫它"娃娃鱼"。它体积很大，身体最长可达一米以上，体重最重的可超百斤。娃娃鱼身体的颜色一般是灰色，但也可随着环境的不同而变化。

A 娃娃鱼是非常特殊的动物

B 娃娃鱼身长都在一米以上

C 孩子们都很喜欢娃娃鱼

D 娃娃鱼的颜色总是灰色

66. 戒指是一种戴在手指上的装饰物，男女都可以戴，材料可以是金属、宝石、木头或骨头等。在古罗马，戒指是印章，后来它的用途逐渐改变，成为爱情的象征。结婚的时候，将戒指戴在对方左手的无名指上是婚礼的一个重要程序。

A 古代只有女人戴戒指

B 戒指的材料只有四种

C 戒指的意义古今不同

D 参加婚礼都要戴戒指

67. 从 2010 年 9 月起，中国对国外代购商品的收税标准进行了调整，原来的标准是港澳台地区 400 元、其他国家和地区 500 元，现在一下子降到了 50 元。也就是说，你买一瓶五六十元的化妆品都要交税。这使得大部分代购网站的商品在 9 月开始涨价。

A 在中国买东西价格会越来越高

B 现在买化妆品时会交很多的税

C 大部分的外国商品 9 月会涨价

D 国外代购的收税标准大大降低

68. 陶渊明是中国古代著名的文学家。他有一句话"好读书，不求甚解"常常被后世的人们议论。但是陶渊明说这句话的原意并不是"读书只需要知道个大概"，陶渊明本人读书是非常专心的，思考问题也是很深的。

A 很多人错误理解了陶渊明的意思
B 读书时只知道大概的意思就可以
C 陶渊明认为读书不必太专心
D 读好书时应该思考得深一些

69. 有时我们会听到"后悔药"一词，其实它并不是真正的药。人们总是会因为自己的错误而后悔，也总是认为事情做得不完美，所以希望能够重来一次，把事情做得更好。但是过去的事情已经过去了，就像中国人常常说的，"世上没有后悔药可卖"。

A 应该发明一种"后悔药"
B 世界上有各种各样的药
C "后悔药"有特别的意义
D 不要为过去的事情后悔

70. 小张每天在小黑板上写天气预报，但是有时候很准确，有的时候完全不对。有一天，我跟小张聊天儿，忍不住批评说："现在的天气预报水平太差了。对了，你的天气预报来自哪里？广播还是网络？"小张回答说："我们办公室有五个人，如果有三个人觉得会下雨，那我就写'有60%的可能下雨'。"

A 现在的天气预报很不准确
B 大家都很相信小张的预报
C 小张的天气预报是猜出来的
D 小张办公室的人是气象专家

第 三 部 分

第71—90题：请选出正确答案。

71—73.

以前有人说香港是"文化沙漠"，我并不赞成。在香港的街头，能看到各种各样的书店，书的种类非常丰富。但是书的价格也让第一次去香港的我吓了一大跳，一本四百页左右的书价格在一百港币左右，进口的或者艺术类的图书

价格更高。还有些书店开在二楼，面积只有四五十平方米。虽然规模比较小，但是书店里的书摆放得很整齐，也有一些很有特色的书籍，顾客也并不少，一点儿都没有开不下去的迹象。此外，报纸上也经常看到作家和普通市民的文章，文章的风格常常是"开门见山"式的，这与香港快节奏的生活方式有关，因为香港市民可能没时间慢慢地去读一篇文章。总之，我感觉香港并不缺少文化味儿。

71. 作者为什么不赞成"香港是'文化沙漠'"的说法？
   A 香港的书很便宜　　　　　B 香港人一般都喜欢阅读
   C 香港有不少书店　　　　　D 香港市民书读得比较快

72. 作者觉得香港的书店：
   A 非常安静　　　　　　　　B 规模较小
   C 书很丰富　　　　　　　　D 顾客很少

73. 作者认为香港报纸上的文章采用"开门见山"的风格是因为：
   A 香港报纸非常贵　　　　　B 香港市民比较忙
   C 香港人性格热情　　　　　D 香港报纸内容多

74—77.

常常听到有人说："等我有钱了以后保证会帮助那些有需要的人。"其实，在日常生活中，只要有爱心，时时刻刻都可以帮助别人。

张阿姨是一位普通的退休工人，在小区散步的时候，她看到垃圾桶里常常有被丢掉的书和杂志，她翻了翻，有的书内容很有意思，有的书还很新，有的是学校里用过的课本。张阿姨觉得这么多好书扔了太可惜了，为什么不能捐给那些有需要的人呢？于是，她做了一个木箱，上面写着"请把您不要的书放进这个箱子，可以捐给农村的孩子"。她把这个箱子放在小区的办公室门口。没想到，短短几天，箱子就装满了。半年之后，张阿姨选择了一千多本内容适合小学生读的书和杂志，捐给了农村的一所小学，帮他们建立起了自己的图书馆。

张阿姨说："我做的是很小的事情，举手之劳，但是如果每个人都能付出一点儿爱心，生活一定更美好。"

74. 如果想帮助别人：
    A 要先赚很多钱   B 随时都有机会
    C 必须得到支持   D 应该先交朋友

75. 张阿姨在小区里注意到了什么？
    A 有人随便扔垃圾   B 有个放书的木箱子
    C 学生不喜欢读书   D 很多好书被扔掉了

76. 关于张阿姨，下面哪一项是对的？
    A 把书送给了农村的学生   B 买了很多便宜的书
    C 喜欢阅读各种书和杂志   D 想办法处理了垃圾

77. 第 3 段中画线词语"举手之劳"最可能是什么意思？
    A 事情很有趣   B 事情很重要
    C 事情很紧急   D 事情容易办

78—82.

去家具店买沙发时，他和妻子产生了矛盾。他喜欢一套价格两万多元的黑色真皮沙发。在他的想象中，每个客人来到家里，一定会被这套沙发所吸引。想到朋友们一定会羡慕，他就觉得非常得意。可是，妻子却说买新房和装修几乎花光了家里所有的钱，所以买家具的时候能节省就节省，不要太浪费了，还是买另外一套有优惠的布沙发吧。而且布沙发比皮沙发更舒服、更随便。他俩谁也不同意谁的意见，最后沙发没买成就气呼呼地回家了。

他跟朋友谈起这件事，朋友问他："你觉得朋友们多久会来你家里坐坐？"他说："一个月总有两三次吧。"朋友又问他："那么，你和太太、孩子，多久会在家里坐坐？"他想了想，说："没什么特别的事情的话，我都会在家，她和孩子每天也都在家，也许，每天都坐坐沙发吧。"

朋友笑着说："问题就在这儿，家里人每天都会坐在沙发上看电视、聊天儿，所以你太太希望沙发舒服些，希望坐在沙发上时能随便些，而你重视的是沙发的价值和别人的赞美，这就是问题的关键啊！"

几天后，他一个人去家具店买了妻子喜欢的沙发。当妻子看到沙发送来的时候，非常感动，她问："你为什么改变了主意？"他微笑着回答："说到底，我需要的不是一个豪华的装饰品，而是一个温暖的家。"

78. 根据上文，可以知道这个丈夫：

    A 希望被别人羡慕   **B** 常常赞美朋友

    C 和妻子关系不好   **D** 晚上很少在家

79. 妻子觉得黑色真皮沙发：

    A 非常漂亮   **B** 价格太高

    C 体积太大   **D** 颜色难看

80. 丈夫的朋友认为：

    A 真皮的沙发不够舒服   **B** 应尊重家人的意见

C 妻子应该听的丈夫的   D 买哪一种沙发都行

81. 最后丈夫是怎么做的？
     A 买了真皮沙发   B 劝说妻子同意
     C 买了布沙发   D 跟妻子吵了架

82. 丈夫为什么改变了主意？
     A 他非常害怕他的妻子   B 朋友也不喜欢真皮沙发
     C 他希望家人觉得舒适   D 他们现在没有那么多钱

83—86.

有一位国王非常讲究卫生，要求下人每天都打扫房间、擦干净所有桌椅。他尤其害怕自己的衣服被弄脏，所以每次外出回来，都要换洗衣服。

一次，国王想去湖边，他拒绝坐车，也不愿骑马，而想边走边看风景。大家早早地为国王的出行做准备，但是最大的难题是如何保证国王的鞋子不沾泥土。有人提出，把湖边的路全部用布盖上。可是，根据计算，织那么长的布需要三年时间，显然不可能。又有人提出，可以让士兵背着国王走路，这样国王的脚就不会沾上泥土了；有的人说可以在路上铺上席子，做席子比织布快；还有的人说快想办法制作出不沾泥土的鞋子吧……

可这些办法都不好，于是大家就让全国的人想办法，谁想出又简单又有用的好办法就给谁奖金。最后，一个孩子来到皇宫，说："为什么不用一块布给国王做个鞋套呢？"

有时候我们解决不了某个难题，并不是因为我们的能力和智慧不够，而是我们只从事情的一个方面来考虑。如果能换一个角度去想一想，有时候会发现，答案其实就在眼前。

83. 根据上文，这位国王：
     A 态度严肃   B 爱好旅行
     C 注重打扮   D 极爱干净

84. 有一天，国王想去湖边：

    A 拍照   **B** 散步

    C 骑马   **D** 游泳

85. 那个孩子建议：

    A 让国王放弃外出   **B** 把路全部用布盖上

    C 给国王穿上鞋套   **D** 选一个背国王的人

86. 上文主要谈的是：

    A 一位奇怪的国王   **B** 保持干净的各种办法

    C 一个聪明的孩子   **D** 换一个角度考虑问题

87—90.

在很多人眼中，生活就像一部高速开动的机器，让身在其中的人想停也停不下来。可是，现在越来越流行过一种"慢生活"，这里的"慢"，并不是速度上的慢，而是一种自然的、轻松的心境。比如说，生活有规律，一天的时间中，工作、生活、睡眠三者大约各占 8 小时，不要工作得过多，也不要休息得过少。近九十高龄的著名作家金庸先生就很享受"慢生活"，他说自己做事很慢，不着急，做什么都轻松愉快，最后也都做好了。金庸先生饮食简单清淡，吃到七八分饱就不吃了，不讲究衣着，只要舒服自然。他说："人要吃饭，谈情说爱，不能老是很紧张，有快有慢，这样对健康很有好处。"金庸先生自然随意的生活态度令人羡慕，而且他也在这种"慢生活"中取得了很大的成就。这种"慢"不是浪费时间，而是对生活的一种态度，对人生的一种理解，它只会让你工作效率更高，心情更愉快。

87. "生活像一部高速开动的机器"指什么？

    A 生活中需要很多机器   **B** 在生活中要努力奋斗

    C 生活非常忙碌、紧张   **D** 生活的态度应该积极

88. "慢生活"主要是指什么?

    A 做事速度非常慢   **B** 休息时间不能太少

    C 轻松自然的态度   **D** 不要太讲究吃和穿

89. 关于金庸先生,下面哪一项是对的?

    A 是很有成就的作家   **B** 性格安静害羞

    C 以前做事情很着急   **D** 总是浪费时间

90. 上文主要谈的是什么?

    A 金庸的人生经历   **B** 现代人的健康问题

    C 生活应该有规律   **D** 要享受"慢生活"

三、书　写

第　一　部　分

第 91—98 题：完成句子。

例如：发表　　这篇论文　　什么时候　　是　　的

这篇论文是什么时候发表的？

91. 差不多　　了　　她　　八岁

92. 很好地　　游泳　　心脏　　能够　　锻炼

93. 演员　　幸运　　非常　　那个

94. 一个　　我　　包裹　　了　　收到

95. 出来　　护照　　拿　　把　　你

96. 蛋糕　　得　　巧克力　　很　　快　　卖

97. 他　　兴趣　　产生了　　很大　　对　　书法

98. 老　　已经　　那座　　房子的　　一半　　被　　拆了

第 二 部 分

第 99—100 题：写短文。

99. 请结合下列词语（要全部使用），写一篇 80 字左右的短文。

操场　热闹　比赛　鼓掌　厉害

100. 请结合这张图片写一篇 80 字左右的短文。

新 汉 语 水 平 考 试
HSK（五级）
全真模拟试题
（第 2 套）

注　　意

一、**HSK**（五级）分三部分：

　　1. 听力（45 题，约 30 分钟）

　　2. 阅读（45 题，45 分钟）

　　3. 书写（10 题，40 分钟）

二、**听力结束后，有 5 分钟填写答题卡。**

三、全部考试约 125 分钟（含考生填写个人信息时间 5 分钟）。

中国　北京　　　　　　　×××× / ×××××× 　编制

一、听 力

第 一 部 分

第1—20题：请选出正确答案。

1. A 房价涨了近五倍
   B 房价提高了很多
   C 他不想买新房子
   D 他想住在市中心

2. A 失望
   B 担心
   C 开玩笑
   D 不耐烦

3. A 女的买了牛奶和花
   B 男的不喜欢喝牛奶
   C 刚过期的牛奶能喝
   D 过期牛奶可以浇花

4. A 春天
   B 夏天
   C 秋天
   D 冬天

5. A 早上起床很晚
   B 不太愿意散步
   C 最近身体非常不好
   D 觉得傍晚空气新鲜

6. A 小方容易改变兴趣
   B 小方对人非常热情
   C 小方已经游得很好了
   D 小方一直希望学跳舞

7. A 他们还没去过那里
   B 一个农民救了他们
   C 他们在那里住了三天
   D 那儿的路非常不好走

8. A 想买贵的东西
   B 对男的不满意
   C 非常需要钱用
   D 特别重视友谊

9. A 已经有律师执照了
   B 打算参加资格考试
   C 希望女的通过考试
   D 大学时学的是法律

10. A 丈夫
    B 妻子
    C 丈夫和妻子
    D 男的和女的

11. A 男的参加球赛了
    B 女的也喜欢踢球
    C 男的很爱看球赛
    D 女的最近特别忙

12. A 兄妹
    B 同事
    C 夫妻
    D 师生

13. A 周一
    B 周五
    C 周六
    D 周日

14. A 图书馆
    B 体育馆
    C 电影院
    D 火车站

15. A 他想当学生会主席
    B 鼓励女的参加选举
    C 让女的参加学生会
    D 女的不可能被选上

16. A 读小说
    B 画画儿
    C 看电视
    D 拍照片

17. A 男的没有来过这里
    B 男的有五十多岁了
    C 女的一直都住这儿
    D 女的并不认识男的

18. A 她也没带手机
    B 她想打个电话
    C 让男的去加油
    D 男的应该知道

19. A 厨师
    B 大夫
    C 教练
    D 记者

20. A 元旦
    B 周末
    C 儿童节
    D 国庆节

第 21—45 题：请选出正确答案。

21. A 男的不想买玩具
    B 男的找不到东西
    C 女的留着旧玩具
    D 女的喜欢小孩子

22. A 十五天后可以取车
    B 男的买了一辆汽车
    C 女的在修车厂工作
    D 他们现在保险公司

23. A 喜欢呆在家里
    B 骑自行车上班
    C 平时工作很累
    D 想去郊区玩儿玩儿

24. A 每天跟朋友见面
    B 去中国留学一年
    C 多和中国人交流
    D 常听中文的录音

25. A 产品能出口到国外
    B 自己能设计新产品
    C 明年能去外国工作
    D 早一点儿成熟起来

26. A 记者
    B 编辑
    C 作家
    D 导演

27. A 想当汽车司机
    B 想当交通警察
    C 考试成绩不好
    D 马上就毕业了

28. A 市中心
    B 小酒店
    C 地铁旁边
    D 太湖附近

29. A 购买海鲜
    B 研究药品
    C 计划旅行
    D 诊断病情

30. A 待遇怎么样
    B 环境好不好
    C 要不要加班
    D 工作累不累

31. A 已经当了志愿者
    B 现在还在上中学
    C 作文写得非常好
    D 要参加这次比赛

32. A 师生
    B 父女
    C 朋友
    D 同学

33. A 农民
   B 医生
   C 研究员
   D 售货员

34. A 又好吃又健康
   B 价格比较便宜
   C 只在超市销售
   D 样子非常漂亮

35. A 办身份证
   B 买本杂志
   C 喝点儿啤酒
   D 应聘服务员

36. A 三瓶啤酒
   B 三杯饮料
   C 两本杂志和一瓶啤酒
   D 两瓶啤酒和一本杂志

37. A 学校
   B 市场
   C 餐厅
   D 厨房

38. A 学做一道菜
   B 推荐一道菜
   C 评价一个饭店
   D 邀请一位客人

39. A 一种动物
   B 一种食物
   C 一种药品
   D 一种玩具

40. A 气候非常恶劣
   B 春节时太忙了
   C 孩子没有食物
   D 孩子被吓病了

41. A 关上门
   B 吃饺子
   C 放鞭炮
   D 送礼物

42. A 鞭炮的历史
   B "年"的传说
   C 照顾孩子的方法
   D 庆祝春节的活动

43. A 喝茶的地方
   B 喝茶的方法
   C 茶叶的历史
   D 茶叶的价格

44. A 马上喝一大口
   B 等它冷了再喝
   C 边工作边喝茶
   D 欣赏茶的颜色

45. A 回到自然
   B 很想睡觉
   C 充满力量
   D 非常冷静

二、阅 读

第 一 部 分

第46—60题：请选出正确答案。

49—48.

　　一个女孩子对介绍人说："我想找这样的男朋友：我需要他时，他时时刻刻都呆在我身边，说有意思的事情给我听；我不需要他时，他就得保持___46___，一句话也不要说；我想听音乐的时候他就给我唱歌，我无聊的时候他给我表演。这才是没有缺点的、___47___的男朋友。"介绍人想了想，说："我的___48___是：你需要的不是一个男朋友，而是一台电视机。"

46．A 沉默　　　　B 健康　　　　C 干净　　　　D 活泼
47．A 勤劳　　　　B 幽默　　　　C 英俊　　　　D 完美
48．A 教训　　　　B 结论　　　　C 概念　　　　D 道理

49—52.

　　愚公一家住在大山脚下，如果想去别的地方，他们必须翻过这座山，太不方便了。有一天，愚公对家里人说："这座山___49___了我们的生活，我决定把它搬走。"于是，愚公每天带着家里人去挖土。邻居们却不相信愚公能成功，有人___50___他说："别做梦了，即使你们每天挖，一百年也挖不完！"愚公笑笑说："可能我无法___51___这个目标，但是我的儿子会继续的，我的孙子也会继续的。虽然这个任务非常艰巨，但是总有一天会成功的！"天上的神听说了这件事以后很感动，在一个夜里帮他把山搬走了。第二天早上，___52___，都非常吃惊，也都高兴极了。

49．A 改善　　　　B 妨碍　　　　C 破坏　　　　D 保证
50．A 建议　　　　B 鼓励　　　　C 讽刺　　　　D 称赞
51．A 实现　　　　B 改变　　　　C 否认　　　　D 确定
52．A 愚公一家继续干活儿　　　　B 人们一起翻过了大山
　　　C 大家觉得应该帮愚公　　　　D 大家发现大山消失了

53—56.

　　王奶奶有两个儿子，一个是做雨伞的，一个是做皮鞋的。王奶奶最大的 ___53___ 就是儿子们的生意做得好。天晴的时候，王奶奶为做伞的儿子着急；下雨的时候，王奶奶又不免要为做皮鞋的儿子发愁。这样一来，不管天气好不好，王奶奶的心里都 ___54___ 了烦恼。她的朋友李奶奶知道了，就 ___55___ 她："你应该在天晴的时候为做皮鞋的儿子高兴，下雨的时候为做雨伞的儿子高兴啊。"有时候， ___55___ ，关键就看是从哪个角度来考虑问题的。

53．　A 本领　　　　B 财产　　　　C 麻烦　　　　D 愿望
54．　A 包含　　　　B 充满　　　　C 反映　　　　D 形成
55．　A 祝　　　　　B 劝　　　　　C 骗　　　　　D 骂
56．　A 态度是热情还是不耐烦　　　　B 想法是相同还是不一样
　　　C 一个人是乐观还是悲观　　　　D 做生意是成功还是失败

57—60.

　　旅行支票对很多人来说是很时髦的东西，不过似乎很少有人真正了解或者使用过它。它有两大 ___57___ ：安全和方便。带大量现金出国当然让人很不放心，而使用旅行支票就完全 ___58___ 了这样的麻烦。你可以在出发地购买，到目的地后可以随时使用。而且购买旅行支票时，必须当面签名，使用时，也必须当面复签，经对比后确定签名 ___59___ ，才可以提款，所以非常安全。旅行支票现在广泛地应用在私人旅行中，人们只要使用过它， ___60___ 。

57．　A 优势　　　　B 缺点　　　　C 标准　　　　D 主张
58．　A 造成　　　　B 发表　　　　C 否定　　　　D 避免
59．　A 清楚　　　　B 优美　　　　C 一致　　　　D 相似
60．　A 不要忘记亲自签名　　　　B 国内旅游无法使用
　　　C 都会对它印象深刻　　　　D 可以到银行去购买

第 二 部 分

第 61—70 题：请选出与试题内容一致的一项。

61. 一次偶然的机会，我看到一位老人在打太极拳，在我的再三请求之下，老人答应教我，但是叫我每天五点就起床练习。开始的时候很难，没想到我坚持下来了，而且一练就是十年。

    A 我原来并不喜欢打太极拳
    B 老人开了个太极拳学习班
    C 练太极拳对我来说不太难
    D 我十年前开始练习太极拳

62. 发生地震的时候，如果是在停车场，必须赶紧下车，这样就不会被掉在车子上的东西压住；而且最好立刻蹲下，躲藏在两车之间，那里可能会有一块比较安全的空间。

    A 地震时呆在车里很危险
    B 地震时要跑到停车场里
    C 地震时应该马上趴下来
    D 地震时要马上开车离开

63. 用梳子梳头，如果方法正确的话，也可以保健。梳头时，不管是头中间还是两边，都应该从前面往后梳，每次梳十分钟左右，大概梳一百多下，手上要适当地用一点儿力量，让头皮产生微热的感觉。

    A 每次梳头至少要用十分钟
    B 正确的梳头方法有利健康
    C 梳头的时候力量越大越好
    D 梳头的时候可以用些热水

64. 虽然电话和网络缩短了时间和空间的距离，但是人们的生活圈子还是变得越来越小，生活也更加私人化，因此现代人常常觉得寂寞。这个时候可以试着交一些新朋友，养一只宠物或者出去旅行。

A 现代人常有孤单的感觉

B 大家的生活越来越丰富

C 每个人都应有私人生活

D 养宠物能认识很多朋友

65. 蝴蝶非常美丽，人们称它为"会飞的花"。全世界的蝴蝶大约有一万四千余种，除了极其寒冷的地区以外，广泛分布在世界上的各个地方。比如在东南亚，有很多种蝴蝶非常少见，受到了国际保护，另外在台湾，蝴蝶品种也非常丰富。

A 全世界蝴蝶有一万多只

B 蝴蝶多生活在寒冷地区

C 蝴蝶应该受到国际保护

D 世界大部分地方有蝴蝶

66. 丝绸是什么时候被发明的？中国专家 1998 年发现了约有 5500 年历史的丝绸碎片。不过，世界上最有影响力的说法是中国专家 1958 年发现了距今有 5300 年历史的丝绸制品。但是，还会有新的发现吗？直到今天，人们始终不知道最准确的答案。

A 丝绸有五千多年历史

B 丝绸的发明对世界影响很大

C 人们不知道丝绸发明的时间

D 专家们认为一定会有新发现

67. 如果前一天夜里睡得不好，我们最期待的就是第二天可以放松下来，好好地睡个长觉。事实上，即使睡得再久也没有什么用处。因为一个人的睡眠时间是由自己身体里的生物钟决定的，如果某一天睡得少了，其他时间再怎么补也是补不回来的。

A 人应该早睡早起

B 睡眠是补不了的

C 累了要好好休息

D 睡多长时间随便

68. 古时候有一个年轻人晚上想看书，可是他穷得连买灯油的钱都没有。怎么办呢？他突然发现，站在邻居家的窗户外面，可以模模糊糊地看见书上的字，于是他就每天站在窗外读书。后来他成为了一个大学问家。

A 年轻人的邻居帮助了他
B 晚上看书对眼睛不太好
C 穷人家的孩子应该节约
D 刻苦学习就会有所成就

69. "七夕"是每年农历七月初七这一天，"七夕节"是中国女性的传统节日。古时候，主要是年轻的女子过"七夕节"，所以人们也称它为"女儿节"。在这一天晚上，女子们准备好各种花和水果来求福。

A 每年的七月十七日是"七夕节"
B "七夕节"是女子的传统节日
C 父母帮自己的女儿过"七夕节"
D "七夕节"的晚上必须吃水果

70. 父亲跟儿子一块儿出门，有人说："先生，你的鞋穿错了，一只是黑色的，一只是白色的。"于是父亲坐在路边，脱下鞋交给儿子，嘱咐他说："你回去帮我换一下。"过了好半天，儿子才回来，手里还是拿着一只黑鞋一只白鞋。儿子说："真糟糕，家里的鞋也是一只黑，一只白！"

A 父亲爱穿颜色不同的鞋子
B 父亲和儿子回家换了鞋子
C 儿子给父亲买了双新鞋子
D 儿子认为没有办法换鞋子

第 三 部 分

第71—90题：请选出正确答案。

71—73.

　　表弟考上了名牌大学，我请他们全家吃饭表示祝贺。我问他："考上大学了，这个暑假最轻松了，你打算怎么过？"他回答："我打算利用这两个月的时间把第一年的学费赚回来。"他的父母马上表示反对，对他说："家里又不缺钱，你的学费我们早准备好了，不用你操心！"表弟却非常自信地说："你们别担心，我已经有好主意了。"表弟第二天就把自己高考前复习用的各科资料整理出了一套，然后在网站上发了一个广告："名牌大学学生的高考复习资料，自己编写，20元一套，有意者请与我联系……"没想到，短短一个月，他就卖了几百套，果然自己赚到了学费。这孩子，说到做到，我还真挺佩服他的。

71. 表弟在暑假中打算做什么？
　　A 赚钱去旅行　　　　　　　B 挣钱付学费
　　C 上网交朋友　　　　　　　D 看复习资料

72. 表弟的复习资料：
　　A 卖得不太好　　　　　　　B 价格非常贵
　　C 是自己编的　　　　　　　D 内容很复杂

73. 作者认为表弟这样的做法：
　　A 使人愤怒　　　　　　　　B 让人不安
　　C 使人感动　　　　　　　　D 让人欣赏

74—77.

文师傅前几天到中心公园散步，没想到有一段新铺的路面太滑，使他重重摔倒，老人当时就疼得站不起来了，后来被热心人送到了医院。医生检查后发现老人腿部受伤，而且情况严重，需要手术治疗，因此老人现在住进了医院。记者在中心公园看到，新的路面看上去确实很漂亮，但是只要一下雨，路面就会变得非常光滑，让不少经过的人摔倒在地。一个小朋友跟记者说："这条路走上去就像滑冰似的，不小心就会摔倒。"记者采访了公园的负责人王先生，王先生表示，他们已经发现了铺路的石头有问题，一旦路面上有水，就会变得很滑。他们现在已经在这段路上放了"小心地滑"的标志并铺上了几块防滑的地毯，而且下周就将更换路面。王先生说，文师傅的医药费全部由公园方面承担，他对文师傅及其家人深感抱歉。

74. 公园里新的路面：
   A 颜色很漂亮   B 花了很多钱
   C 大家都喜欢   D 不是很安全

75. 医生认为老人的情况怎么样？
   A 注意多休息   B 必须做手术
   C 可以常锻炼   D 不要去散步

76. 小朋友对记者说的话是什么意思？
   A 公园里可以滑冰   B 下雨以后很好玩儿
   C 这段路容易摔倒   D 他喜欢这种路面

77. 对这个问题，公园决定采取什么措施？
   A 把现在的路面换掉   B 到医院请医生帮忙
   C 在路上都放上地毯   D 做一个新的标志牌

78—82.

中药店和茶馆儿属于不同的行业，但是却有人把这两个不同的行业组合在了一起，产生了非常好的效果。从事中药买卖的石川先生发现，来自己的中药店的顾客多半是一些老人，生意并不太好。因为年轻人常常觉得吃中药麻烦，吃以前要煮半天，而且味道又苦又怪，所以生病时更愿意去医院开一点儿西药来吃。石川先生一直在思考应该用什么方式来吸引年轻的消费者。经过认真的考虑，他决定在中药店里开一个茶馆儿。

为了改变传统的中药店给人的印象，他把店内装饰得很现代，墙壁是白色的，地面、沙发全部用绿色，桌子上放着鲜花和介绍中药的杂志，店里还播放着轻轻的音乐，气氛让人放松。柜台上有各种颜色的中药茶、中药饮料、中药酒，还有各种加了中药的小吃等等。但是不管是饮料还是小吃，中药的味道都比较淡，一般人都能接受。

第一家中药茶馆儿开业不久，这种特别的风格立即吸引了大量的年轻顾客，店里常常满座。人们喜欢在这里一边跟朋友聊天，一边喝一杯又好喝又健康的中药饮料。而那些身体不太舒服的人，就更想来喝一杯有治疗作用的中药茶。而且在离开的时候，很多人会顺便买一些中药回去，具有中药专业知识的售货员也会热情地对顾客进行指导。石川先生的茶馆儿生意越来越好，分店开了一家又一家。

78. 中药店和茶馆儿：
   A 常组合在一起
   B 都可以买中药
   C 有很大的差别
   D 风格比较接近

79. 石川先生一直在想办法：
   A 改变中药的味道
   B 学习中药的知识
   C 制作新的饮料
   D 吸引年轻顾客

80. 开在中药店里的茶馆儿装饰得怎么样？

    A 比较简单　　　　　　　　B 豪华极了

    C 非常传统　　　　　　　　D 十分现代

81. 身体不太好的人来茶馆儿是想：

    A 喝杯中药茶　　　　　　　B 跟朋友聊天

    C 好好地休息　　　　　　　D 找医生看病

82. 在中药店里开茶馆儿的效果怎么样？

    A 一般人不太接受　　　　　B 受到热烈的欢迎

    C 只有老顾客喜欢　　　　　D 有时候生意很好

83—86.

　　有一位女游泳运动员，她的理想就是游过她们国家最宽的一条江。为了达到这个目标，她不断地练习，不断地为自己的理想而奋斗。三年之后，她终于准备好了，在记者和观众的祝福声中，她充满信心地跳入江中，迅速朝对岸游去。

　　刚开始时，天气非常好，她游得很放松，心情也很愉快。但是在她越来越接近目标的时候，江上突然起了大雾，而且越来越浓，过了一会儿，几乎已到了伸手不见五指的程度。这位运动员在江中完全失去了方向感，她不确定还要游多远才能到岸边。她越游越害怕，越游越疲劳。最后，她终于放弃了，爬上了一直在她身边保护她的船。这时，大雾渐渐过去了，她坐在船上，发现其实她离岸边只有一百多米了。大家都觉得非常可惜，她自己也觉得非常遗憾。她对记者说："我不是想为自己找借口，但是如果我知道我距离目标只剩一百多米的话，我是一定可以坚持到最后的。"

　　在遇到困难的时候，我们常常会放弃，而我们不知道的是，其实只要再坚持一下，就能获得成功。成功有时候就在前面，离我们只有一百米的距离。

83. 这位女运动员：

    A 游得非常快　　　　　　　B 性格很温柔

C 练得很努力 　　　　　　　　**D** 获得过冠军

84. 开始游的时候，女运动员：
    A 很激动 　　　　　　　　**B** 很害怕
    C 很轻松 　　　　　　　　**D** 很疲劳

85. 第 2 段中画线词语"伸手不见五指"最可能是什么意思？
    A 只能看到五米远 　　　　　**B** 什么都看不清楚
    C 伸出手请求帮助 　　　　　**D** 周围没有任何人

86. 上文主要谈的是：
    A 游泳会有危险 　　　　　　**B** 人要保持冷静
    C 机会不易获得 　　　　　　**D** 不应放弃努力

87—90.

　　一个年轻人想学画画儿，他希望能找到一个好老师。但是一年过去了，他始终没找到让他完全满意的老师，他感到非常失望。邻居张爷爷知道了，问他："为什么老师们都不能让你满意呢？"年轻人回答说："我看过他们的画儿，我觉得他们画得还不如我呢！"张爷爷笑了一笑说："虽然没有学过，但是我

也喜欢画画儿，我给你画一幅画儿，你看看画得好不好吧。"张爷爷拿出笔和纸，很快就画了一个茶壶和一个茶杯。张爷爷问："你对这幅画儿有什么评价？"

　　年轻人摇了摇头说："画得还可以，但是您把茶壶和茶杯的位置放错了。茶壶往茶杯里倒水，应该是茶壶在上面，茶杯在下面呀。"张爷爷拍拍手说："原来你是懂得这个道理的啊！如果说学生是杯子，老师就是茶壶，但你总把杯子放得比那些茶壶还要高，茶怎么能倒进你的杯子里呢？如果你真想学习，就应该把自己放得低一些，这样才能学到别人的智慧和经验。"

87. 为什么年轻人找不到满意的老师？

    A 他的脾气非常不好   **B** 教画画儿的老师很少

    C 老师们都不喜欢他   **D** 他觉得自己画得更好

88. 张爷爷做了什么？

    A 画了茶壶和茶杯   **B** 请年轻人喝了茶

    C 教年轻人画画儿   **D** 看了年轻人的画儿

89. 关于张爷爷，下面哪一个是对的？

    A 是著名的画家   **B** 想教育年轻人

    C 看不起年轻人   **D** 曾学过画画儿

90. 张爷爷认为年轻人要注意什么？

    A 从简单的开始画   **B** 多多地积累经验

    C 应该更谦虚一些   **D** 发挥自己的优点

三、书　写

第　一　部　分

第 91—98 题：完成句子。

例如：发表　　这篇论文　　什么时候　　是　　　的

　　　　<u>这篇论文是什么时候发表的？</u>

91. 来不及　　了　　吃饭　　我们

92. 柜台　　直接　　到　　请　　办理

93. 比较　　生活　　艰苦　　那里

94. 胜利　　为　　开心　　大家　　感到

95. 下　　放　　了　　不　　东西

96. 妹妹　　得　　非常　　活跃　　表现　　你

97. 汉字　　建议　　每天　　老师　　练习　　学生

98. 执照　　乱　　到处　　把　　驾驶　　别　　放

第 二 部 分

第 99—100 题：写短文。

99. 请结合下列词语（要全部使用），写一篇 80 字左右的短文。

　　网站　丰富　浏览　信息　交流

100. 请结合这张图片写一篇 80 字左右的短文。

新 汉 语 水 平 考 试
HSK（五级）
全真模拟试题
（第 3 套）

注　　意

一、**HSK**（五级）分三部分：

　　1. 听力（45 题，约 30 分钟）

　　2. 阅读（45 题，45 分钟）

　　3. 书写（10 题，40 分钟）

二、听力结束后，有 5 分钟填写答题卡。

三、全部考试约 125 分钟（含考生填写个人信息时间 5 分钟）。

中国　北京　　　　　　　×××× / ×××××× 　编制

一、听　力

第 一 部 分

第 1—20 题：请选出正确答案。

1. A 他的年龄不到 30 岁
   B 希望让更多的人参赛
   C 不要限制观众的年龄
   D 今年很多人报名参赛

2. A 惭愧
   B 遗憾
   C 感激
   D 自豪

3. A 他们被罚款了
   B 这里禁止停车
   C 他们没看到警察
   D 停车场已经满了

4. A 早上
   B 中午
   C 傍晚
   D 夜里

5. A 他非常喜爱这个作品
   B 他认为女的不懂音乐
   C 他认为练习都很单调
   D 他也常常弹别的作品

6. A 男的应该注意安全
   B 她想和男的一起跳
   C 如果害怕就别跳了
   D 男的应该勇敢一些

7. A 他不想吃豆腐
   B 他很喜欢做菜
   C 他觉得不够辣
   D 他不爱吃辣椒

8. A 想学习新专业
   B 简历内容丰富
   C 愿意指导男的
   D 成绩非常出色

9. A 他觉得这里很凉快
   B 他被传染上了感冒
   C 他的太太去医院了
   D 他的鼻子有些毛病

10. A 男的
    B 女的
    C 大夫
    D 会计

11. A 男的喜欢戴帽子
    B 男的明天去钓鱼
    C 最近经常下大雨
    D 大草帽非常漂亮

12. A 学生和老师
    B 病人和医生
    C 职员和老板
    D 丈夫和妻子

13. **A** 这个周末
    B 明年年初
    C 发工资前
    D 放假以后

14. **A** 宿舍
    B 宾馆
    C 家里
    D 餐厅

15. **A** 钢铁厂弄错了日期
    B 运输可以由他负责
    C 他们需要这些材料
    D 工程可以暂时停止

16. **A** 寄信
    B 找人
    C 买邮票
    D 寄包裹

17. **A** 电影明星很受欢迎
    B 飞机场的门打不开
    C 今天坐飞机的人很多
    D 等飞机时可以看电影

18. **A** 她的工作非常忙
    B 她自己不会做饭
    C 她常常自己做饭
    D 她喜欢这些食物

19. **A** 作家
    B 编辑
    C 翻译
    D 专家

20. **A** 早上
    B 中午
    C 下午
    D 夜里

第 二 部 分

第 21—45 题：请选出正确答案。

21. A 男的是老顾客
    B 男的有优惠卡
    C 女的开了发票
    D 女的不想打折

22. A 她买了保险
    B 她是大学生
    C 她讨厌自由
    D 她喜欢竞争

23. A 身体上有残疾
    B 需要男的帮助
    C 想帮助残疾人
    D 工作非常特殊

24. A 认真考虑
    B 换个行业
    C 了解顾客
    D 重新开始

25. A 马上找工作
    B 去报考硕士
    C 继续读博士
    D 当大学教授

26. A 银行职员
    B 交通警察
    C 房屋中介
    D 销售人员

27. A 工作很危险
    B 是电影导演
    C 很喜欢做菜
    D 爱看动画片

28. A 体育馆
    B 朋友家
    C 老人院
    D 俱乐部

29. A 聊天儿
    B 购物
    C 合影
    D 表演

30. A 现在是春节期间
    B 年初四开始放假
    C 男的在银行换钱
    D 他们正在打电话

31. A 她多次获得冠军
    B 她从小学习象棋
    C 她的父亲是老师
    D 她教自己的孩子

32. A 朋友
    B 师生
    C 父女
    D 母子

33. A 部门主任
B 学校校长
C 歌唱演员
D 中学老师

34. A 举行什么活动
B 是否参加比赛
C 选谁来当班长
D 辩论赛的题目

35. A 跟别人吵一架
B 撒下一粒种子
C 努力地干活儿
D 跟朋友多交流

36. A 种出美丽的花儿
B 跟人沟通的方法
C 控制自己的脾气
D 尊重别人的想法

37. A 海关
B 商店
C 大使馆
D 警察局

38. A 每个人都要填申报单
B 行李少的人不用申报
C 大家都要去申报柜台
D 申报需要本人去办理

39. A 商人给的钱更多
B 他先答应了商人
C 他不喜欢当官的
D 商人打算开饭馆

40. A 房子不够大
B 价格太高了
C 取水不方便
D 环境太吵了

41. A 讽刺他
B 尊重他
C 鼓励他
D 怀疑他

42. A 他的房子没有缺点
B 其实不愿意卖房子
C 喜欢讨论道德问题
D 是个诚实可靠的人

43. A 上课时常乱动
B 不愿意多说话
C 不能好好吃饭
D 对人没有耐心

44. A 交流很少
B 互相关心
C 有些矛盾
D 彼此信任

45. A 带孩子去上班
B 关心孩子身体
C 常常拥抱孩子
D 给孩子买礼物

二、阅 读

第 一 部 分

第 46—60 题：请选出正确答案。

46—48.

　　有一天，雨下得很大，一位老妇人走进一家大型商店。她衣着非常__46__，因此大多数的售货员都假装没看见她。这时，服装部的一位售货员主动走过来问她："您有什么需要吗？"老妇人说她只想避避雨，售货员热情地拿了把椅子请老妇人坐下。雨停之后，老妇人向他要了一张__47__就离开了。几天后，老板找到了这位售货员，请他当服装部的经理，__48__是："谢谢你善待我的母亲。"

46. **A** 时髦　　　　**B** 讲究　　　　**C** 整齐　　　　**D** 朴素
47. **A** 照片　　　　**B** 名片　　　　**C** 表格　　　　**D** 发票
48. **A** 核心　　　　**B** 关键　　　　**C** 规则　　　　**D** 理由

49—52.

　　有一家人的门口挂着一口大钟，小偷想把钟偷走，可是钟又大又重，怎么搬也搬不动。小偷想来想去，__49__的办法就是把钟弄碎，然后一块一块分别搬回家。小偷找来一块大石头，用力向钟扔过去，钟发出__50__的响声，把他吓了一大跳，他想：这声音不就等于是告诉人们我正在这里偷钟吗？他越听越慌，就用双手捂住自己的耳朵。"啊，钟声变小了，听不见了！"小偷高兴起来，"只要把耳朵捂住，我就听不见了，这个办法真__51__！"他立刻找来两个纸团，把耳朵堵住，然后就放心地干起来。结果周围的人都听到了钟声，__52__，小偷就被警察带走了。

49. **A** 从前　　　　**B** 特殊　　　　**C** 唯一　　　　**D** 古老
50. **A** 巨大　　　　**B** 模糊　　　　**C** 奇怪　　　　**D** 美妙
51. **A** 危险　　　　**B** 巧妙　　　　**C** 复杂　　　　**D** 糟糕
52. **A** 大家都来帮助他　　　　　　　　**B** 马上报告了警察
　　 C 他们提醒了小偷　　　　　　　　**D** 觉得钟声很好听

53—56.

　　某大学的专家调查了一万人的财产　53　，同时研究了生活方式对他们情绪的影响。专家得出的结论是：一个人如果身体健康，他从中获得的快乐和每年赚300万元获得的快乐　54　相当。也就是说，如果我们没病没灾，就应该是快乐的。可是我们却总是认为自己过得不够好，还不够快乐，因此还在不停地　55　快乐，结果却往往是自寻烦恼，把简单的问题变得复杂。比如说，你并不觉得肚子饿，却硬要四处寻找食物，一直在寻找，　56　。

53．A 资料　　　　B 状况　　　　C 性质　　　　D 形式
54．A 成分　　　　B 水平　　　　C 地位　　　　D 程度
55．A 追求　　　　B 要求　　　　C 请求　　　　D 需求
56．A 逐渐改变了想法　　　　　B 找到最好的食物
　　C 永远觉得不满足　　　　　D 有时感到很满意

57—60.

　　她不喜欢我，不管我提出什么建议，她总是第一个表示　57　；一起工作的时候，她根本不跟我　58　，两个人的任务总是让我一个人完成。如果我做错了什么，她的脸上马上出现　59　我的表情，仿佛在说："早就知道你没这个能力！"我想，我不能改变她，但是我可以改变自己，我每天都对她微笑，虚心地向她请教，热情地帮助她，没想到，不久之后，　60　，我们成了朋友。

57．A 理解　　　　B 放弃　　　　C 支持　　　　D 反对
58．A 分配　　　　B 配合　　　　C 适合　　　　D 适应
59．A 记不得　　　B 看不起　　　C 说不过　　　D 忍不住
60．A 她的态度改变了　　　　　B 她对我不太满意
　　C 她跟我吵了一架　　　　　D 她对我表示原谅

第 二 部 分

第61—70题：请选出与试题内容一致的一项。

61. 有了孩子以后，我就辞了职在家照顾孩子。现在孩子上幼儿园了，我决心重新求职。如果女人没有自己的事业，就会和社会越来越远，也总会觉得生命中缺少了一个重要的部分。

    A 女人应该有自己的事业
    B 我想一直在家照顾孩子
    C 找工作变得越来越难了
    D 住得太远确实不太方便

62. 想减肥瘦身，除了找美容师、健身教练，也可找机器人帮忙。科学家近期发明了一种新型机器人，它会提醒主人控制饮食，记录体重的变化，还会不断地鼓励主人，帮助主人早日达到标准体重。

    A 减肥首先要注意健康
    B 教练发明了一种机器
    C 体重的变化必须记录
    D 机器人可以帮助减肥

63. 因为赶着上班，很多人喜欢边走路边吃早饭，有时还边跑边吃，其实，这样对身体健康非常不利，容易影响胃的正常工作，导致胃病，甚至会出现胃下垂。正确的吃早餐的方法是起床半小时之后，轻松地坐下来吃一顿营养丰富的早餐。

    A 上班的路上可以吃早餐
    B 可以在单位附近吃早餐
    C 边走边吃对身体很不好
    D 每天应该早半小时起床

64. 有些管理者习惯以命令的方式去指挥别人，效果当然不理想，因为不快的情绪会妨碍人们发挥自己的才能。快乐是提高工作效率的最好方式，只有当人们对工作真正感兴趣时，才能积极地去处理复杂的、困难的事情。

A 情绪对工作效率有影响

B 领导有时必须发出命令

C 没有能力的人不受欢迎

D 有人喜欢解决各种难题

65. 现在，有两个未来在前面向人类招手：一个是人们梦想了几千年的"理想国"，它体现了高度发达的社会文明和绿色健康的生活环境；另一个则是人类的创造力和好奇心被错误地利用，世界迅速地被破坏，面临极大危险的社会。现在已经到了人类负起自己的责任，做出正确选择的时候了。

A "理想国" 只拥有高度的文明

B 人类应努力创造幸福的未来

C 有些人创造力与好奇心很强

D 世界出现了很多危险的信号

66. 随着人们生活、文化水平的提高，现代人重新对古典风格的家具产生了兴趣。不过，传统的古典家具样式笨重，不够舒适，而且价格太高，现在流行的是一种新古典风格的家具，样式古典，但是使用起来更方便，价格也可以为大部分人所接受。

A 文化水平高的人更重视传统

B 现代人对古代的家具感兴趣

C 历史悠久的家具也非常舒适

D 新古典风格的家具开始流行

67. 眼睛疲劳一般是因为长时间、近距离地阅读、看电视或使用电脑等引起的，眼睛疲劳已经成为现代社会的常见病。专家说，避免眼睛疲劳最好的办法是让眼睛充分休息，而且方法比大家想象的还简单，那就是每用眼一个小时都休息5～10分钟，看看窗外的绿色。

A 多睡觉对眼睛好

B 持续用眼不太好

C 戴眼镜容易疲劳

D 有眼病的人很多

68. 大家都认为这匹马很普通，孙阳却看出这是一匹千里马。有人试骑了一下，发现它果然跑得很快，而且能跑很远的路，大家都觉得孙阳很了不起。在神话中，在天上管理马匹的人叫作伯乐，所以人们后来就用"伯乐"来称呼孙阳。

A 孙阳拥有一匹千里马
B 孙阳骑马骑得非常好
C 人们称孙阳为"伯乐"
D "伯乐"指喜欢马的人

69. 中国北方有一种风俗，过春节时用饺子招待亲友。除夕的晚上，全家人围坐在一起，边包饺子边聊天儿。北方人常说："好吃不过饺子。"意思是饺子是世界上最好吃的东西，这么说不仅因为饺子的味道确实不错，而且也因为饺子体现了家庭的温暖。

A 北方人春节时常常吃饺子
B 中国人爱用饺子招待客人
C 吃了饺子会觉得身上温暖
D 家庭聚会一定要包饺子吃

70. 一个年轻人对喜欢的姑娘说："我很爱你，我们结婚吧！"说完就拿出了一只黄金戒指，上面还刻着姑娘的名字。但姑娘拒绝了："抱歉，我已经有心上人了，年底就要举行婚礼了。"年轻人说："太遗憾了！请问你男朋友是谁？"姑娘紧张地问："你想干什么？"年轻人回答："我想把这只戒指卖给他。"

A 年轻人是设计戒指的
B 姑娘也很喜欢年轻人
C 年轻人打算卖掉戒指
D 姑娘很想得到这戒指

第 三 部 分

第71—90题：请选出正确答案。

71—73.

我认识一位美籍华裔姑娘，她告诉我她是第三代移民。小时候，家里人非让她学中文不可，她只好服从。中国那时对她来说只是一个遥远的、模糊的名字，谈不上有什么感情。后来进了大学，她发现美国同学中有人中文说得比她还流利，汉字写得比她还漂亮，对中国历史和文化比她还了解。这件事深深地刺激了她，她感到非常惭愧，因为毕竟她才是真正的中国人的孩子。于是，毕业后，她选择来中国当志愿者。现在她在县城的中学教英文，生活条件很艰苦，但是心里却特别满足，她觉得这里的一切都很亲切。她说，工作结束后，她打算用半年的时间到处游览，争取多了解中国。

71. 这位姑娘小时候为什么学中文？
A 她喜欢中文　　　　　　　B 她去过中国
C 朋友都在学　　　　　　　D 父母让她学

72. 在大学里，她发现自己：
A 交不到好朋友　　　　　　B 对中国不熟悉
C 很想当志愿者　　　　　　D 想学别的专业

73. 这个姑娘完成工作后，打算：
A 当中学老师　　　　　　　B 留在中国工作
C 在中国旅游　　　　　　　D 改变生活环境

74—77.

随着人们收入的增加，消费水平也在不断提高。调查表明，在年轻人中，只有 21% 的人说自己有存钱的习惯，而有 46% 的人还不起信用卡上的钱，有 50% 的人在下个月发工资前把钱用得一分也不剩，有 80% 的人花得比挣得多。

为了提倡节约，最近有网友搞了一个"百元周"活动。"百元周"是指在工作日期间，把吃饭、交通、娱乐、购物、运动等全部消费控制在 100 元以内。此外，参加者要把一天的消费情况记下来，公开发到网站上，其他网友可以交流和讨论。为了省钱，有的人开始走路上班，有的人吃剩的菜不再倒掉，而是第二天接着吃，有的人不去逛商店而去公园散步，有的人到处寻找优惠打折信息。虽然花钱受到了限制，但是却有不少参加者觉得自己的生活更加健康了。

74. 有存钱习惯的人占：
    A 21%   **B** 46%
    C 50%   **D** 80%

75. 这个调查说明年轻人有什么问题？
    A 都追求高收入   **B** 经常欠别人钱
    C 花钱没有计划   **D** 不太愿意消费

76. "百元周"活动的目的是什么？
    A 交流打折信息   **B** 鼓励人们节约
    C 让身体更健康   **D** 帮助人们交友

77. 参加这个活动的大部分人有什么感受？
    A 一百元能买很多东西   **B** 没有钱用时太难受了
    C 上网买东西非常省钱   **D** 生活比以前健康多了

公共汽车上非常拥挤，一位带着大旅行包的青年上车以后，不小心撞到了一位妈妈，和妈妈一起坐车的儿子很关心地问："妈妈，你没事吧？"同时，他愤怒地看了那个青年一眼，骂了一句："真讨厌！"那位青年这才知道撞到了别人，连忙向妈妈道歉。妈妈对儿子说："这位叔叔不是故意的，你不应该说这样没礼貌的话。"儿子听了，惭愧地低下了头。

几天以后，妈妈下班后到学校接儿子回家，结果发现儿子的头擦破了皮，血一滴滴地流下来。妈妈心疼极了，赶快带孩子去校医院，把他的伤口包好。然后妈妈去问老师发生了什么事，老师看了也很吃惊，因为她的儿子没有去办公室向老师报告这件事。妈妈问儿子："你受伤了，为什么不告诉老师呢？"儿子说："妈妈，刚刚我们在踢足球的时候，一个小朋友把球踢到了我的头上。但他不是故意弄伤我的，他已经道过歉了，而且感到很不安。如果我再去告诉老师，他会更加难受的。所以我没跟老师说，只是提醒他下次踢球要小心一点儿。"

妈妈听了非常高兴，摸着儿子的头说："要知道，责备别人很容易，原谅别人有时候却很难，但是当你学会了原谅，你就会得到更大的快乐。你今天做得非常好，妈妈很感动，你真是个好孩子。"

78．那个刚上车的青年：
　　A 不愿意向别人道歉　　　　　B 觉得儿子非常没礼貌
　　C 想赶快找一个座位　　　　　D 不是故意撞到别人的

79．在车上，妈妈觉得儿子：
　　A 非常关心自己　　　　　　　B 说了不该说的话
　　C 表现得很勇敢　　　　　　　D 不该跟别人吵架

80．妈妈到学校时，发现：
　　A 老师不在教室里　　　　　　B 学生们在踢足球

C 儿子的头受伤了　　　　　　D 儿子去了校医院

81. 儿子为什么没把这件事报告老师？
    A 他已经原谅了同学　　　　B 老师不关心这种事
    C 弄伤他的是好朋友　　　　D 大家求他不要报告

82. 妈妈为什么很感动？
    A 儿子学会了原谅别人　　　B 儿子很善于安慰别人
    C 大家都很喜欢她儿子　　　D 老师称赞她儿子善良

83—86.

我曾遇见过一个病人，他叫程力，50 岁。两年前，他得到了一大笔财产，以为自己成了世界上最幸福的人。他住在豪华的大房子里；他认为妻子太平常了，配不上自己，所以离了婚；他看不起以前的朋友，不愿意再跟他们见面；他辞了职，不用再工作。他自由自在，可以做任何自己想做的事：在海滩上边晒太阳边喝酒，吃最贵的食物，跟漂亮的女孩子约会。但是，他对自己未来的人生毫无计划，只感觉到深深的寂寞，心理上的问题使他最终进了医院。

我还遇到过一个病人，她叫方静，70 岁。30 年前，她得了重病，双腿失去了行走的能力。可这并不妨碍她参加各种活动。她教生病的孩子认字，随身带着孩子们的照片；她还自愿帮助那些不能走路的病人，跟他们谈心，帮他们恢复对生活的信心……她永远面带微笑，让人愉快，大家都尊敬她、喜爱她。

人与人之间保持联系，否则生活就会失去意义。要多与爱人、朋友、兄弟姐妹和孩子在一起交流，也可以参加志愿者活动、加入合唱团或者到健身俱乐部去锻炼身体，这样不仅可以认识新朋友，也可以让自己减轻压力。

83. 程力变得有钱以后：
    A 感到非常幸福　　　　　　B 愿意帮助朋友
    C 心理出现问题　　　　　　D 仍然非常节省

84. 程力离婚的原因是他觉得妻子：

A 脾气不好　　　　　　　　B 太普通了

C 有点儿懒　　　　　　　　D 长得难看

85. 为什么大家都尊敬和喜爱方静？

A 生病后她很可怜　　　　　B 她免费教孩子认字

C 她喜欢帮助别人　　　　　D 她捐出了全部财产

86. 上文主要谈的是：

A 性格会决定成败　　　　　B 人应对自己有信心

C 不要太重视钱财　　　　　D 人必须与别人交往

87—90.

　　这是一次关于"人的价值"的讨论会，轮到一位著名的教授发言时，他拿出一张1000元的消费卡，说："我想做一个调查，请问谁想要这张1000元的卡？"一只只手举了起来。他又说："请允许我做一件事。"说完，他将卡片折了十几下，卡变得有些旧了，然后他又问："谁还要？"依然有人举手。他说："那么，假如我这样做又会怎么样呢？"他把卡片扔到地上，用脚踩了很多下。他捡起卡片，卡片已经变得又脏又破。"现在谁还要？"还是有人举手。

　　教授笑了起来，说："朋友们，这就是我的发言。不管我如何对待那张卡

片，还是有人想要它，因为它的价值没有降低，还是1000元。在人生的路上，我们可能会被困难或者失败打倒，我们会觉得自己似乎<u>一文不值</u>，一点儿用也没有。但如果你真有本领，不管现在你样子如何，有没有钱，有没有地位，都不会让你失去原有的价值。"

87. 教授说打算给别人：

A 一本关于他的理论的书　　B 一张1000块钱的纸币

C 一份有价值的调查报告　　D 一张1000块的消费卡

88. 第一次提问之后，教授做了什么？

    A 把卡弄得旧一点儿   **B** 把卡送给一个听众

    C 问大家有什么想法   **D** 要求大家开始讨论

89. 教授认为为什么大家愿意要又脏又破的卡？

    A 它有很重要的意义   **B** 它是教授送的礼物

    C 它的价值没有改变   **D** 它的价值变得更高

90. 第二段里的画线词语"一文不值"是什么意思？

    A 一点儿本领也没有   **B** 一点儿价值也没有

    C 不值得写一篇文章   **D** 不值得花这么多钱

三、书　写

第 一 部 分

第 91—98 题：完成句子。

例如：发表　　这篇论文　　什么时候　　是　　的

　　　这篇论文是什么时候发表的？

91. 兴趣　　没　　他　　不见得

92. 千万　　安全　　的　　他　　注意

93. 弟弟　　单纯　　特别　　我

94. 名字　　起了　　给　　父亲　　他

95. 吗　　来　　回　　得　　今天

96. 都　　糊涂　　我们　　几个　　听　　了

97. 你们　　改善　　状况　　目前的　　必须　　努力

98. 一天　　的　　理想　　可以　　实现　　不是

第 二 部 分

第 99—100 题：写短文。

99. 请结合下列词语（要全部使用），写一篇 80 字左右的短文。

　　老师　生动　询问　知识　相处

100. 请结合这张图片写一篇 80 字左右的短文。

新汉语水平考试
HSK（五级）
全真模拟试题
（第 4 套）

注　　意

一、**HSK**（五级）分三部分：

　　1. 听力（45 题，约 30 分钟）

　　2. 阅读（45 题，45 分钟）

　　3. 书写（10 题，40 分钟）

二、听力结束后，有 5 分钟填写答题卡。

三、全部考试约 125 分钟（含考生填写个人信息时间 5 分钟）。

中国　北京　　　　　　　　×××× / ××××××　编制

一、听　力

第 一 部 分

第 1—20 题：请选出正确答案。

1. A 必须加快工作速度
   B 肯定来不及完成了
   C 可以想想别的办法
   D 按时完成问题不大

2. A 男的从来都不抽烟
   B 男的已开始戒烟了
   C 女的支持男的写作
   D 女的要求男的戒烟

3. A 兴奋
   B 愤怒
   C 坦率
   D 着急

4. A 出发前
   B 节假日
   C 淡季时
   D 周末时

5. A 他对这件事感到遗憾
   B 他不认为自己吃亏了
   C 他很想得到这个荣誉
   D 他觉得自己非常倒霉

6. A 她觉得有点儿痛苦
   B 时间过得太快了
   C 那次玩儿得非常累
   D 那次玩儿得真开心

7. A 他觉得人应该勇敢些
   B 他认为自己不是英雄
   C 他很喜欢被别人称赞
   D 他感谢警察帮助了他

8. A 她特别聪明
   B 她非常勤奋
   C 她想开公司
   D 她压力很大

9. A 他原来的相机坏了
   B 他对摄影很感兴趣
   C 他很喜欢数码产品
   D 他最近不想吃东西

10. A 学生
    B 老师
    C 专家
    D 院长

11. A 女的觉得去海边很麻烦
    B 男的觉得不必带上扇子
    C 他们打算去买一些东西
    D 他们正在为爬山做准备

12. A 同事
    B 亲戚
    C 夫妻
    D 朋友

13. A 2 号
    B 5 号
    C 12 号
    D 15 号

14. A 美术馆
    B 科学馆
    C 纪念馆
    D 博物馆

15. A 他不想进行治疗
    B 他的伤不太严重
    C 他对自己有信心
    D 他无法参加比赛

16. A 摄影
    B 游览
    C 画画儿
    D 看电视

17. A 男的让女的事先做准备
    B 男的想找别人主持节目
    C 女的不想采访这个嘉宾
    D 女的请男的看她的提纲

18. A 认为男的没有说实话
    B 建议男的跟人多交流
    C 称赞男的态度很诚恳
    D 批评男的说话不注意

19. A 驾驶员
    B 售票员
    C 数学老师
    D 银行职员

20. A 快一点了
    B 下午一点
    C 快两点了
    D 下午两点

第21—45题：请选出正确答案。

21. A 男的写了篇文章
    B 男的还没看文章
    C 女的请男的指导
    D 女的想再写一篇

22. A 她害怕坐飞机
    B 她有点儿不舒服
    C 她很喜欢吃糖
    D 她的压力很大

23. A 这个电视剧受欢迎的原因
    B 怎么去解决婚姻家庭问题
    C 女观众喜欢看什么电视剧
    D 现在老百姓关心什么话题

24. A 多认识年轻人
    B 去郊区买房子
    C 坐地铁上下班
    D 买市区的公寓

25. A 他已收到了生日礼物
    B 他很快就要过生日了
    C 孩子们对他非常失望
    D 孩子喜欢神秘的故事

26. A 这个城市非常有名
    B 这里名胜古迹不多
    C 男的最想参观寺庙
    D 女的是专业的导游

27. A 她请男的参加展览会
    B 她没想到会遇见男的
    C 她和男的是生意伙伴
    D 她知道男的要来这里

28. A 开车出去玩儿
    B 到俱乐部玩儿
    C 教女的开车
    D 帮女的修车

29. A 挂号
    B 看病
    C 运动
    D 等人

30. A 他们一年后才开店
    B 他们有三十家分店
    C 男的不同意开分店
    D 男的重视服务质量

31. A 她打算结婚
    B 她还在考虑
    C 她不想恋爱
    D 她喜欢别人

32. A 恋爱
    B 健康
    C 工作
    D 饮食

33. A 歌手
B 教师
C 秘书
D 主持人

34. A 同事
B 恋人
C 朋友
D 母子

35. A 这个城市太大了
B 找工作的人真多
C 商品价格特别高
D 水资源非常紧张

36. A 他已经找到了个好工作
B 他和伙伴们的关系不好
C 他认为在这里能赚到钱
D 他的理想是成为企业家

37. A 汽车上
B 火车上
C 地铁上
D 飞机上

38. A 医生要下车帮助病人
B 在苏州站只停 15 分钟
C 有一位老人突然病了
D 有一位老人要去苏州

39. A 做饭
B 学习
C 打扫
D 买米

40. A 做饭不认真
B 没有说真话
C 偷吃了东西
D 态度没礼貌

41. A 别人说的事情都不能相信
B 只能相信自己看到的事情
C 产生误会以后要仔细分析
D 亲眼看到的也未必是真的

42. A 他很信任学生
B 他挺有个性的
C 他很善于思考
D 他有许多缺点

43. A 怎么把工作做好
B 怎么能保持健康
C 怎么去逃避现实
D 怎么能减少痛苦

44. A 问题会慢慢解决的
B 无法解决任何问题
C 让问题变得更简单
D 实现了自己的愿望

45. A 积极地去面对
B 寻找别人帮助
C 尝试各种办法
D 尽最大的力量

二、阅 读

第 一 部 分

第46—60题：请选出正确答案。

46—48.

　　某大公司准备__46__一名为总裁开车的司机，经过考试之后，只剩下三名技术最好的__47__者。总裁问："在危险的山路上，你们敢开到离路边多近的地方呢？"第一位说："一米。"第二位很有把握地说："半米。"第三位回答："作为司机，我必须保证乘客的安全，所以我不会往路边开，避免出现__48__。"听了他的话，总裁笑了。

46．A 应聘　　　　　B 雇佣　　　　　C 接待　　　　　D 培养
47．A 指导　　　　　B 委托　　　　　C 经营　　　　　D 竞争
48．A 误会　　　　　B 赔偿　　　　　C 意外　　　　　D 威胁

49—52.

　　有一位著名的演员上场表演前，他的学生告诉他鞋带开了。他__49__地拍拍学生的肩膀表示感谢，然后蹲下来系好。但是等学生离开后，他又蹲下来把鞋带松开。有人看到了这一切，就提出了自己的__50__："您为什么又要把鞋带松开呢？"演员回答道："因为我演的是一位旅行者，走了很远的路，所以鞋带应该是松开的，可以通过这个__51__来表现他的劳累。""那你为什么不直接告诉你的学生呢？""他能发现我的鞋带松了，而且热心地告诉我，我一定要保护他的积极性。他的热情得到了尊重，__52__，工作也就会做得更好。"

49．A 讽刺　　　　　B 沉默　　　　　C 惭愧　　　　　D 亲切
50．A 主意　　　　　B 感想　　　　　C 概念　　　　　D 疑问
51．A 细节　　　　　B 结论　　　　　C 证据　　　　　D 信息
52．A 就会明白这个道理　　　　　B 就能担任重要工作
　　 C 就会更勤奋地工作　　　　　D 就能理解我的表演

53—56.

现在在一些家庭中有一种奇怪的___53___：父母喜欢看书，却往往等到孩子上床入睡之后才坐下来看，结果，孩子竟然一直不知道自己的爸爸妈妈喜欢看书。专家建议，在家里，父母应该尽量多地和孩子在一起看书，同时还可经常与孩子在一起交流读书的方法和阅读的___54___，鼓励孩子把书中的故事讲给自己听，也把自己的观点讲出来，然后大家一起讨论。如果经常这样做，孩子的阅读兴趣就会变得更加___55___，不论是孩子的阅读水平还是表达能力___56___。

53. A 观点　　　　B 现象　　　　C 趋势　　　　D 阶段
54. A 记忆　　　　B 回忆　　　　C 感受　　　　D 感情
55. A 强烈　　　　B 激烈　　　　C 繁荣　　　　D 深刻
56. A 都会发生改变　　　　　　　B 都会受到刺激
　　C 都会取得平衡　　　　　　　D 都会明显提高

57—60.

《儿童语言教育》一书出版后曾经在国内儿童教育界产生很大的影响，是非常受欢迎的教育学方向的教材。在广泛___57___师生及国内外专家意见的基础上，作者对教材进行了修改，增加了国内外儿童语言发展及教育研究的最新___58___，目的就是使它的内容更加丰富，更加___59___，更加适应教学与研究的需要。教材的修改工作目前已经完成，明年年初出版，希望您继续支持，___60___。

57. A 追求　　　　B 请求　　　　C 要求　　　　D 征求
58. A 成果　　　　B 成绩　　　　C 成功　　　　D 成就
59. A 优秀　　　　B 独特　　　　C 完善　　　　D 协调
60. A 也对您表示亲切问候　　　　B 也期待您的宝贵意见
　　C 也非常感谢您的购买　　　　D 也给您提供各种服务

第 二 部 分

第 61—70 题：请选出与试题内容一致的一项。

61. 从当年的"小皇帝""小公主"到后来的"没有责任感的一代"，"80 后"从出生起就一直被各种声音批评，当时的这些青少年现在已经成长起来了，他们中的许多人已经工作、结婚，开始承担起自己的责任。

 A "80 后"爱批评别人
 B "80 后"都是青少年
 C "80 后"都非常富有
 D "80 后"已经长大了

62. 培养良好的驾驶习惯是非常必要的，比如出行前要了解路况，避免车多的线路；停车时逐渐降低速度，不要突然停车等等。这样做不仅可以节省汽油，而且还可以延长车辆的使用寿命。

 A 要培养好的驾驶习惯
 B 车多的时候不要着急
 C 开车的速度不要太快
 D 汽油的价格越来越高

63. 一个人家里来了朋友，想泡茶，可是没茶叶，他就叫妻子赶紧出去买。水烧开了，他不得不加冷水，水不停地烧开，他就不停地加冷水。水越来越多，茶叶还是没买回来。他对朋友说："要不，请你在我家洗个澡吧。"

 A 他舍不得请朋友喝茶
 B 他的妻子不想买茶叶
 C 他的朋友很喜欢聊天
 D 他没办法请朋友喝茶

64. 她是一位非常出色的记者，采访过很多著名的科学家、文学家和政治家。不管面对的是多么重要的人物，她都会很不客气地直接提出问题，即使这些问题会让采访对象感到难受或者愤怒。人们尊敬她，因为她的采访从来不是表演，一直都很真实。

A 她常常会让人愤怒
B 她对人非常不客气
C 她的采访始终真实
D 她只采访有名的人

65. 评价一个历史人物，首先要考虑他的时代背景，即他生活在哪一个朝代，当时的政治制度如何，当时的道德观念是怎样的，当时的社会情况又如何。离开这些因素，评价就不可能客观、准确，就可能犯错误。

A 不同朝代的人们观念不同
B 政治制度对人有巨大影响
C 客观地评价一个人很困难
D 必须重视人物的历史背景

66. 一般认为，"金领"是指工作能力强，管理能力也很强的人。他们年龄一般在 30 岁以上，很多人在国外获得了博士或硕士学位。他们用自己丰富的知识、专业的态度得到了别人的尊重，也获得了很高的收入，因此他们的社会地位也远远高于白领、粉领和蓝领。

A 能力高的人就是金领
B 收入高的人都是金领
C 金领的社会地位较高
D 金领的学历比白领高

67. 我们每天都要接触电脑的鼠标和键盘，但是不要随便使用别人的鼠标或键盘，因为很多人在长时间使用电脑之后，眼睛不舒服，都会按压眼睛，这往往成为传播红眼病的重要原因。用完别人的键盘和鼠标后，应该第一时间用肥皂洗手，杀灭病菌。

A 不要传播电脑病毒

B 不要长时间看电脑

C 尽量少用别人的电脑

D 红眼病现在非常流行

68. "秋老虎"是中国人指立秋以后短期的回暖天气。一般发生在八九月之间，大约持续 7～15 天。这些天天气晴朗、阳光强烈，好像夏天重新到来了，人们感到热得难受，所以就称它为"秋老虎"。

A 人们都非常不喜欢老虎

B 八九月时天气都比较热

C "秋老虎"天气变化大

D "秋老虎"天气像夏天

69. 夏天时，这个城市里有人卖花，不是那些颜色鲜艳的花，而是一种白色的花，一块钱一朵。男孩子买了，给女朋友别在衬衫或者裙子上，走来走去时有一阵清淡的香气。不需要去豪华的餐厅，不需要买贵重的礼物，也许这才是最浪漫的时刻。

A 这个城市里人喜欢鲜花

B 白色的花比别的花便宜

C 浪漫不需要花很多的钱

D 男人应该买花送给女人

70. 宠物店的老板向一位顾客推荐一只鸟儿，"这只鸟儿极其聪明，你拉它左脚上的绳子，它就会说英语，拉它右脚上的绳子，它就会说法语。"顾客试了一下，果然如此。顾客很好奇地问："如果我两条绳子一起拉，会出现什么情况呢？"那只鸟儿立刻回答说："那我就会从树上摔下来的，你真笨！"

A 这只鸟儿很喜欢学习

B 这只鸟儿嘲笑了顾客

C 老板想卖很高的价钱

D 顾客同时拉了两条绳

第 三 部 分

第71—90题：请选出正确答案。

71—73.

有个主持人采访一名小朋友，问他："你长大后想做什么工作呀？"小朋友回答："嗯……我要开飞机！开可以坐很多人的大飞机。"主持人想故意给他出一个难题，看他怎么反应，主持人问他："如果有一天，飞机飞到大海上，却没有汽油了，你会怎么办？"小朋友想了想："我会先告诉坐在飞机上的人

系好安全带，然后我就穿上降落伞跳出去。"现场的观众都笑了起来。"为什么呢？"主持人继续看着小朋友，等待着他的解释。让在场所有人吃惊的是，小朋友天真而诚恳地回答："我要去拿汽油，然后我要回来救大家！"

当我们听别人说话时，你真的听懂他的意思了吗？如果不懂，就请听别人说完吧，这就是"听的艺术"。

71. 小朋友长大想做什么？
    A 服务员　　　　　　　　B 驾驶员
    C 工程师　　　　　　　　D 救生员

72. 主持人给小朋友出了一个难题，是想知道他：
    A 是否说了实话　　　　　B 会怎么来回答
    C 到底聪不聪明　　　　　D 学过什么知识

73. 如果飞机没有油了，小朋友打算怎么做？
    A 一个人逃走　　　　　　B 马上就降落
    C 想办法救大家　　　　　D 和乘客在一起

每到长假，新闻总是报道说某景点接待人数又创造了新的记录，人多了，搞旅游的人当然高兴，但游客却未必高兴。因为旅游资源就那么多，人多了，怎么保证大家享受到的服务质量不降低呢？

旅游业中有一个非常重要的"天花板规则"，现在一些重要的传统景点，比如故宫、长城，都制订了一个限制游客人数的"天花板"。一旦人数接近了这个"天花板"，要提前做出公开警告，提醒游客更加合理地安排自己的旅行。这样做一方面能保护名胜古迹，另一方面能让游客享受到稳定而周到的旅游服务。

但是还有很多景点，特别是新开发的景点，因为没有及时研究或判断出符合这个地区的"天花板"，造成了景点内游客非常拥挤的情况。随着游客人数的不断增加，景区的管理者应尽快完成这项工作，给游客提供最科学合理的指导。

74. 游客太多会造成：

    A 服务质量降低   **B** 景点门票涨价

    C 工作人员太忙   **D** 景点被人破坏

75. "天花板规则"是什么意思？

    A 控制旅游的时间   **B** 控制旅行的费用

    C 限制建筑的高度   **D** 限制游客的人数

76. "天花板规则"能给游客带来什么好处？

    A 节约门票费用   **B** 合理安排旅行

    C 提供旅游咨询   **D** 避免空气污染

77. 关于景点接待人数的"天花板规则"，下面哪一个是对的？

    A 所有景点都确定了   **B** 只有新景点还没有

    C 还有很多景点没有   **D** 传统景点全部都有

她很小就失去了父亲，妈妈尽心尽力地照顾她、培养她，把全部的爱都给了她。现在她大学毕业了，有了满意的工作，也有了男朋友，陪妈妈的时间也就逐渐减少了。妈妈为女儿的成熟与独立感到高兴，但是也感受到了深深的孤独。不久，妈妈病了，医生说不是身体的问题，而是心理上出了问题，女儿带着妈妈到处寻找名医，但妈妈的病却越来越严重了。女儿又要忙工作，又要给妈妈治病，巨大的压力使她病倒了，发起了高烧……奇迹就在这一刻出现了，女儿的病让妈妈仿佛突然活了过来，她给女儿做饭，提醒女儿按时吃药……妈妈的话变多了，人也有精神了，再去检查，妈妈的病彻底好了！女儿这才明白，妈妈的病因就是——不被需要！

这位母亲原来生活的中心就是女儿，为女儿，她放弃了自己的爱好，没时间跟朋友来往，拒绝了别的男人的追求，渐渐忽视了周围的一切。当女儿长大了，独立了，母亲却一下子找不到自己的位置了，生活失去了目标，因此感到失望和痛苦。但是当女儿生病了，需要自己的照顾，母亲的责任使她立刻恢复了健康。所以，每个儿女都别忘记，在适当的时候告诉自己的父母：我们虽然长大了，但是仍然非常需要您。

78．女儿独立了，妈妈在高兴的同时也感到：

    A 紧张   B 满足

    C 糊涂   D 孤单

79．医生认为妈妈的病：

    A 是劳累造成的   B 是心理问题

    C 与年龄有关系   D 越来越严重

80．女儿病倒了，妈妈：

    A 恢复了健康   B 心情很糟糕

    C 病得更厉害   D 精神很不好

81. 在妈妈身上为什么出现了"奇迹"？

    A 女儿非常关心他　　　　　　**B** 女儿找到了名医

    C 她感觉到被需要　　　　　　**D** 她一直按时吃药

82. 上文建议儿女：

    A 多花时间陪陪父母　　　　　**B** 多注意父母的健康

    C 尽心尽力照顾父母　　　　　**D** 让父母感觉被需要

83—86.

在匆忙的城市生活中，如何保持身心健康？专家建议：

一、保证睡觉的时间。缺乏睡眠会导致创造力下降、精神疲劳、不安易怒。城市人习惯开夜车或者晚睡早起，然后再持续工作八九个小时，身体得不到充分的休息，时间长了自然会影响健康。

二、暂时远离电脑和手机。其实，我们的生活中不是每时每刻都需要上网或接电话。有时关掉电脑和手机，会让你感觉非常轻松，考虑问题时思路会更清楚，思想也会更活跃。

三、花点儿时间去室外活动。比如饭后散会儿步，在路上停下来看看蓝天白云、花草树木，呼吸呼吸新鲜空气，放松身心，甚至利用休息时间去打一会儿篮球，跳一下儿健身操，都对健康非常有利。

四、多陪伴陪伴亲人朋友。不管到底有多忙，都花一些时间跟他们聊聊天，说说自己的快乐和烦恼，心里一定会觉得温暖、愉快，生活也会更有意义。

五、少去饭馆儿吃饭，多吃水果蔬菜。尽量避免去饭馆儿吃饭，如果不得不去，别喝酒，也不要吃得太多。多回家吃饭，每天至少下一次厨房，把做菜的过程当成是一种享受。

六、找点儿与工作无关的兴趣爱好。会让生活更加充实，比如跑步、画画儿、看小说或写作等，这些爱好能给你带来快乐，让你轻松愉快。

83. 睡觉时间长期不够会使人：

    A 难以起床　　　　　　　　　**B** 过分紧张

    C 容易愤怒　　　　　　　　　**D** 神经过敏

84. 关于电脑，上文建议：
    A 上班尽量少用　　　　　　　　B 下班后不要用
    C 可以暂时不用　　　　　　　　D 最好经常使用

85. 关于吃饭，上文建议：
    A 避免去很贵的饭店　　　　　　B 少吃高油高糖的东西
    C 吃完后一定要散步　　　　　　D 应该争取多回家吃饭

86. 上文主要谈的是如何：
    A 让生活更有意义　　　　　　　B 让生活更加丰富
    C 让身心更加健康　　　　　　　D 让思想更加活跃

87—90.

他是一个年轻的钢琴师，在酒吧里打工。他钢琴弹得相当出色，也很满足于现在的工作。但是，一天晚上，有个客人喝醉了，对钢琴师说他今晚不想听

任何钢琴曲，只想听钢琴师唱一首歌。钢琴师回答："很抱歉，我不会唱歌。"那个男人坚持要他唱，还对酒吧负责人说："我今天讨厌听到钢琴声，我只想听他唱歌。"那位负责人命令钢琴师："如果你不想失业的话，就赶快唱吧！"

钢琴师只好开口唱了，唱完了以后，酒吧里所有的人沉默了几分钟，然后都热烈地鼓起掌来。大家都没想到他唱得那么好，感动了每一个人。因为这个机会，他的人生从此改变，后来成了世界上最著名的歌手之一。如果不是喝醉的客人提出要求，他可能会一直在那个小酒吧工作，一辈子都是个普通人。

也许你现在还不知道，你在某方面的能力可能远远超过你的想象，所以不要害怕改变，适当的改变也许会使你的人生变得更加光辉灿烂！

87. 关于这个钢琴师，可以知道什么？
    A 他有时候会喝醉酒　　　　　　B 他非常喜爱弹钢琴
    C 他在酒吧很受欢迎　　　　　　D 他钢琴弹得非常好

88. 有个客人要求他做什么？
    A 弹一首歌　　　　　　　　**B** 唱一首歌
    C 喝一杯酒　　　　　　　　**D** 当负责人

89. 大家听了他的歌以后怎么样？
    A 非常感动　　　　　　　　**B** 非常痛苦
    C 非常疯狂　　　　　　　　**D** 非常遗憾

90. 第 3 段里的画线词语 "光辉灿烂" 是什么意思？
    A 乐观　　　　　　　　　　**B** 孤单
    C 成功　　　　　　　　　　**D** 勇敢

三、书 写

第 一 部 分

第 91—98 题：完成句子。

例如：发表　　这篇论文　　什么时候　　是　　的

　　　<u>这篇论文是什么时候发表的？</u>

91. 赶不上　　可能　　她　　早班车

92. 照常　　明天　　的　　比赛　　进行

93. 那　　调皮　　特别　　孩子

94. 为　　报道　　我们　　宣传　　做了

95. 开　　眼睛　　得　　睁　　吗

96. 他们　　了　　吓傻　　都　　几个　　被

97. 双方的关系　　很好　　得　　总理　　协调

98. 危险　　就　　遇到　　别　　一　　慌张

第 二 部 分

第99—100题：写短文。

99. 请结合下列词语（要全部使用），写一篇80字左右的短文。

　　人口　　面积　　发展　　繁荣　　热爱

100. 请结合这张图片写一篇80字左右的短文。

新汉语水平考试
HSK（五级）
全真模拟试题
（第5套）

注　　意

一、**HSK**（五级）分三部分：

 1．听力（45题，约30分钟）

 2．阅读（45题，45分钟）

 3．书写（10题，40分钟）

二、**听力结束后，有5分钟填写答题卡。**

三、全部考试约125分钟（含考生填写个人信息时间5分钟）。

中国　北京　　　　　　　×××× / ×××××××　编制

一、听　力

第 一 部 分

第 1—20 题：请选出正确答案。

1. **A** 品种不够全
   B 顾客比较多
   C 晚上不营业
   D 周围环境好

2. **A** 午饭
   B 点心
   C 茶水
   D 菜单

3. **A** 车库
   B 路上
   C 车站
   D 车厂

4. **A** 这个月底
   B 下月月中
   C 下月月底
   D 本月中旬

5. **A** 他喜欢吃罐头
   B 罐头食品打折
   C 山上食品太贵
   D 登山时吃方便

6. **A** 看房子
   B 拿证明
   C 拿工资
   D 办贷款

7. **A** 编辑
   B 售货员
   C 美术老师
   D 动画片导演

8. **A** 关心妻子
   B 想看新闻
   C 要换电视
   D 是个记者

9. **A** 鼓励
   B 教训
   C 安慰
   D 笑话

10. **A** 男的
    B 女的
    C 小马
    D 老板

11. **A** 他比较害羞
    B 他提前准备了
    C 他还在外面出差
    D 他害怕采访名人

12. **A** 元旦
    B 除夕
    C 春节
    D 国庆节

13. A 爬山
    B 休息
    C 充电
    D 拍照

14. A 比较便宜
    B 并不普通
    C 机器制造
    D 制作容易

15. A 老板和秘书
    B 先生和太太
    C 教练和学生
    D 房主和房客

16. A 她碰上了地震
    B 她不愿意捐钱
    C 她也是工程师
    D 她想做志愿者

17. A 保证能修好
    B 这是正常的
    C 电脑没问题
    D 必须请专家

18. A 现在
    B 暑假
    C 春节后
    D 春节前

19. A 他们正在做客
    B 男的想要请客
    C 他们喜欢吵架
    D 女的十分小气

20. A 不真实
    B 很糟糕
    C 有香味
    D 很抽象

第 二 部 分

第 21—45 题：请选出正确答案。

21. A 秘书
    B 总裁
    C 教授
    D 律师

22. A 力气不太大
    B 对海鲜过敏
    C 参加了聚会
    D 写实验报告

23. A 问时间
    B 上厕所
    C 带女儿
    D 看电影

24. A 比较疲劳
    B 有同情心
    C 在演电视
    D 不够幸福

25. A 完全由自己来做
    B 找好朋友来帮忙
    C 自己买装饰材料
    D 都交给装饰公司

26. A 态度很谨慎
    B 技术非常熟练
    C 不注意控制速度
    D 十分重视安全检查

27. A 去公园锻炼
    B 去学校加班
    C 帮忙接孩子
    D 打老师手机

28. A 山上的天气变化快
    B 下雨更适合看风景
    C 明天天气肯定转晴
    D 女的没有带照相机

29. A 在设计取名软件
    B 跟男的比赛输了
    C 为取名的事烦恼
    D 想为女儿改名字

30. A 医院
    B 操场
    C 咖啡店
    D 健身房

31. A 碰到老朋友了
    B 请朋友吃饭了
    C 开贸易公司了
    D 准备好材料了

32. A 男的很羡慕老张
    B 老张放弃移民了
    C 女的的川菜烧得好
    D 他们家里特别干净

33. A 杂志编辑
   B 广告设计
   C 电影明星
   D 市场调查

34. A 时尚的
   B 完美的
   C 亲切的
   D 自信的

35. A 面积很大
   B 污染严重
   C 不能住人
   D 变化迅速

36. A 身体非常疼痛
   B 被老师批评了
   C 看见月亮变弯了
   D 担心住得太拥挤

37. A 小偷
   B 铃声
   C 行李
   D 安全

38. A 火车要停五十分钟
   B 部分乘客要下车了
   C 这是火车站的广播
   D 车上餐厅全天开放

39. A 聚会
   B 画画儿
   C 比赛
   D 喝酒

40. A 一人喝一杯
   B 抢到的人喝
   C 先画好的人喝
   D 全部给主人喝

41. A 把酒喝光了
   B 给蛇画上脚
   C 跟朋友抢酒
   D 帮别人做事

42. A 主人
   B 带酒来的人
   C 给蛇画脚的人
   D 第二个画好的人

43. A 汤的味道好
   B 价格很便宜
   C 做得很实在
   D 老板人不错

44. A 豆腐店关门了
   B 豆腐的汤少了
   C 豆腐也实在了
   D 也要排队买了

45. A 两家老板是兄弟
   B 张家汤常换口味
   C 做生意要有特点
   D 马家生意变差了

二、阅 读

第 一 部 分

第46—60题：请选出正确答案。

46—48.

　　有个人到城市打工，一家超市正好需要人打扫，他就去了。老板对他说："这是一份___46___的工作，我按小时付你钱。"他一口答应了。上班第一天，他就和小组长说："我的时间比较___47___，大家有什么事，我随时可以帮忙。"过了几天，冷鲜组找他去帮忙杀鱼，他去了；面点组找他点货，他也去了。老板十分欣赏他主动的工作态度，一个月后他就被___48___为正式的员工了。

46．A 阶段　　　　B 现实　　　　C 临时　　　　D 从前
47．A 明确　　　　B 灵活　　　　C 迫切　　　　D 协调
48．A 录取　　　　B 形容　　　　C 评价　　　　D 培养

49—52.

　　中国古代有一位当大官的人叫祁黄羊，他年纪大了，向皇帝申请___49___。皇帝就请他推荐一个适合___50___他工作的人，他马上就推荐了一个人。皇帝很吃惊，问他："这个人不是和你有很深的矛盾吗？"祁黄羊说："您不是让我推荐适合这份工作的人吗？至于和我的矛盾，这我不需要考虑。"

　　皇帝听了，很___51___祁黄羊，就又问他："现在国家需要一位大法官，你看谁合适呢？"祁黄羊马上就推荐了他的儿子。皇帝又问："这不是你的儿子吗？你不怕别人说你是从私人的角度去考虑的吗？"祁黄羊回答说："我是觉得他的能力适合当法官才推荐的，我的心是公平的，___52___？"

　　后来，他推荐的这两个人，工作得都十分出色。

49．A 结账　　　　B 退休　　　　C 执行　　　　D 问候
50．A 委托　　　　B 说服　　　　C 担任　　　　D 挑战
51．A 启发　　　　B 轻视　　　　C 疼爱　　　　D 佩服
52．A 你看谁最合适　　　　　　B 他会拒绝这份工作吧
　　　C 我什么时候退休　　　　D 为什么要怕别人议论呢

53—56.

　　小马今年三十岁了，谈了不少次　53　，可都不太成功。作为他最好的朋友，我总是很关心他这方面的发展。但每次问他，结果都是："不成功！"最近，他迷上了网上聊天儿，好像还交了一个不错的　54　，约了这个周末见面。现在网上交友这种事很　55　，我希望他这次能把握住机会。周末晚上，我打电话问他："成功了吗？"他说："成功了一半！""那好啊，　56　！"我兴奋地说。他平静地回了我一句："我去了，可她没来！"

53．A 赔偿　　　　B 理论　　　　C 企图　　　　D 恋爱
54．A 对象　　　　B 专家　　　　C 英雄　　　　D 行人
55．A 现实　　　　B 稳定　　　　C 平常　　　　D 突出
56．A 十分完美啊　　　　　　　　B 毕竟有进步啊
　　C 幸亏你帮忙　　　　　　　　D 祝你婚姻幸福

57—60.

　　被子和床上都有一些我们眼睛看不到的小虫子，这些小虫子会　57　我们过敏，它们最喜欢　58　在湿润的环境里。人在睡觉的时候，皮肤会排出大量的水汽，如果一起床就叠好被子，那水汽就会被　59　下来，不能散发出去，小虫子就更容易生存了。所以起床后不要马上把被子叠好，正确的方法是：　60　，再把门和窗都打开，让风自然吹干被子。

57．A 破坏　　　　B 侵略　　　　C 导致　　　　D 威胁
58．A 呆　　　　　B 粘　　　　　C 吐　　　　　D 绕
59．A 分配　　　　B 固定　　　　C 确认　　　　D 保留
60．A 把被子翻过来　　　　　　　B 把被子洗干净
　　C 把被子整理好　　　　　　　D 换上新的被子

第 二 部 分

第61—70题：请选出与试题内容一致的一项。

61. 开学后，很多一年级新生暂时无法适应学校生活。家长可以多给孩子介绍一些学校里有趣的事情，适当减轻孩子思想上的压力。同时，老师应该多和孩子交流幼儿园的经历和体会。

A 一年级新生盼望早点儿上学
B 家长应该多讲些童年的趣事
C 刚开学新生思想上有压力
D 学生应该主动找老师交流

62. 据调查，有不少快退休的专业技术人员，赞成国家推迟退休年龄的计划。他们认为，自己年纪不算"老"，专业技术水平也是越老越高，完全可以再努力几年，为国家多做点儿贡献。

A 他们盼望赶快退休
B 他们支持推迟退休
C 他们的技术落后了
D 他们很想拿退休金

63. 关于晚餐，大家都知道如果吃得太饱会长胖，所以现代人晚饭都吃得不多。不过，很多人对吃晚饭的时间还是不太注意。医生提醒，如果吃得太晚，或者晚上还要加一顿餐，都会刺激胃的活动，影响睡眠质量。

A 晚上吃饭容易长胖
B 吃得晚可帮助减肥
C 胃部活跃影响睡觉
D 晚上加餐睡得更好

64. 现在生活压力很大，人们在空闲时，喜欢拿出手机看一些笑话类的短信，这些短信都是些叫"短信写手"的人写的。他们被专门的短信制作公司雇佣，大部分是自由职业者或在校大学生，写得好的月收入能有四五千元。

    A 人们空闲时喜欢写短信

    B 写短信的人收入很稳定

    C 笑话短信不能网上下载

    D 笑话短信受到人们欢迎

65. "彩虹鱼"是一种热带鱼，它因为身体颜色十分鲜艳，像彩虹一样而得名。现在中国市场上约有 20 个种类，只占彩虹鱼家族的极小一部分，其中大部分都属于简单好养的品种。

    A 彩虹鱼的形状像彩虹

    B 彩虹鱼的颜色很鲜艳

    C 彩虹鱼不太容易照顾

    D 彩虹鱼的种类并不多

66. 北京烤鸭是世界著名的中国菜，传统上它是选用北京鸭在木头上烤成的。它虽然肥，但不会让人觉得很油。在中国古代，只有皇帝才能吃到，当然，现在普通的老百姓都能吃到。吃时要先在手上放一张薄薄的面皮，上面再放上甜酱、蔬菜、几片烤鸭，最后把所有的材料卷起来吃。

    A 北京烤鸭又瘦又嫩

    B 古代吃烤鸭很普通

    C 烤鸭可以加蔬菜吃

    D 烤鸭得在木头上切

67. 香味环保垃圾袋能散发出花香，让人更愿意使用。这种垃圾袋是用塑料加上一些香味材料做成的。它在燃烧时只有低烟，而且没有不好的气体。虽然价格相对于一般垃圾袋会更高，但还算是在能被人们接受的范围之内。

    A 香味垃圾袋容易引起燃烧

    B 香味垃圾袋香但是不环保

    C 香味垃圾袋的价格太贵了

    D 香味垃圾袋的材料是塑料

68. 汉字的内涵十分丰富，"福"字最受欢迎的汉字之一。"福"字历史悠久，它深深地影响着中国人的价值观念，体现着中国人对幸福生活的追求。"福"字在中国人的生活中随处可见，春节时，人们更是要在门上贴上"福"字，表示对未来的美好祝福。

A 现代才出现"福"字

B 平时看不到"福"字

C 春节一定送"福"字

D "福"字体现价值观

69. 两点间一条直线的距离是最短的。走路也一样，走直线的距离最短，如果走的是弯路，那花的时间就多了。其实，人生就像是在走路，有时你在向目标前进的过程中，会做出一些错误或浪费精力的事。我们把这些行为叫作"走弯路"。多听听别人的意见，也许你可以少"走弯路"。

A 有的人走路常迷路

B 走路一定要有目标

C 走弯路会浪费时间

D 用不着听别人意见

70. 一位父亲让八岁的儿子去邮局寄一封信，儿子拿着信跑了，父亲才想起信上没写地址和收信人的名字。儿子回来后，父亲问他："你把信寄了吗？""当然。""你没看见信封上没有写地址和收信人名字吗？""我看见了。""那你为什么不拿回来呢？"儿子委屈地回答说："我还以为你不写地址，是不想让我知道你把信寄给谁了呢！"

A 父亲是故意没写的

B 儿子觉得自己没错

C 儿子没注意到信封

D 儿子把信拿回来了

第 三 部 分

第71—90题：请选出正确答案。

71—73.

小区的管理者被称为"物业"，住在小区里的人叫"业主"，这两者之间经常有矛盾。但对于"飞天物业"来说，他们用自己完善的服务，赢得了所有业主的信任，甚至能拥有所有业主家的钥匙。

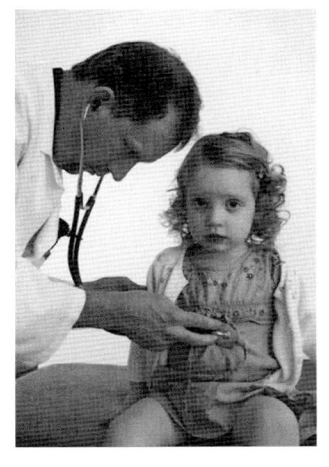

他们为每位业主都配上了一部特殊的电话机，号码盘上120、110等紧急号码按一下可以直接拨，儿子、女儿的电话号码也可输入，同样是一键直拨。另外，键盘上的数字键都特别大，好认好拨，老人不用戴眼镜，拿起就能打。他们还准备了丰富的工具，如超市小推车等，这些设备都可以借给业主免费使用。此外，小区配有社区专业医生，可以看各种常见病。小区还有营养餐厅，物业公司会组织业主在一起学习营养配餐知识，业主既可以从营养餐厅订餐，也可以把营养师约到家里现场指导。

71. 这家物业公司：
   A 和业主有矛盾   B 提供完善服务
   C 为老人院服务   D 经营内容特殊

72. 这家物业公司的服务包括：
   A 随时提供救护车   B 提供老人用的推车
   C 联系医院的专家   D 组织业主做营养餐

73. 业主对这家物业的态度是：
   A 信任   B 无奈
   C 遗憾   D 轻视

74—77.

他是一家小商场的销售人员，任务是每天走出去，向顾客宣传推广一种电饭锅。开始的时候，他做得并不顺利，很长时间都没做成功一笔业务，但他并没有灰心，而是决定坚持做下去，每天继续去一家一家地敲门。

终于有一次，他卖出去了一台，并在半个月内同二十几位顾客做成了生意。就在这时，他突然发现，他卖的电饭锅比别家店里的同类产品价格高，这使他心里深深地不安，一阵犹豫后，他决定向这二十家客户说明情况，并主动要求向各家客户退还差价。

朋友们都说他太傻了，但结果是，他这种诚实的做法深深感动了客户，他们不但没收多出的钱，反而主动要求向他购买其他产品。他的销售成绩迅速上升，在公司的地位也得到了提高。

74. 根据上文，可以知道他：
    A 工作一直不太顺利   B 卖的都是贵的商品
    C 对待顾客非常诚实   D 依然是普通销售员

75. 他的工作态度怎么样？
    A 很失望   B 很勤奋
    C 很不安   D 很自豪

76. 发现自己的商品卖得比较贵，他：
    A 心里有点儿得意   B 决定把价格降低
    C 主动退钱给顾客   D 马上告诉了顾客

77. 他这么做的结果是：
    A 销售量增加了   B 大家都批评他
    C 顾客要求退钱   D 公司利益受损

78—82.

一位著名心理学家分别给 50 名成功人士和 50 名罪犯写信，请他们谈谈父母对他们的影响。有两封回信给他的印象最深，一封来自一位著名总裁，一封来自一名罪犯。他们谈的都是同一件事：小时候母亲给他们分苹果。

那位犯人这样写道：有一天妈妈拿来几个苹果，红红的，大小各不同。我一眼就看见中间的一个又红又大，非常想要。这时，妈妈把苹果放在桌上，问我和弟弟："你们想要哪个？"我刚想说要最大最红的一个时，弟弟抢着说出来了。妈妈听了，责备他说："好孩子要学会把好东西让给别人，不能总想着自己。"于是，我赶快改口说："妈妈，我想要那个最小的，把大的留给弟弟吧。"妈妈听了，非常高兴，在我的脸上亲了一下，并把那个又红又大的苹果给我。我得到了我想要的东西，从此，我学会了说假话。此后，为了得到想要的东西，我会用尽各种办法，甚至偷和抢。

那位总裁是这样写的：小时候，有一天妈妈拿来几个苹果，红红的，大小各不同。我和弟弟都要大的，妈妈把那个最大最红的苹果举在手中，对我们说："这个苹果最大最红最好吃，谁都想要得到它。这很好，现在，让我们来做个比赛，我把院子分成两块，你们两人一人一块，谁打扫得又快又好，谁就有权利得到它！"结果，我赢得了那个最大的苹果。我非常感谢母亲，她让我明白了一个最简单也最重要的道理：想要得到最好的，就必须通过奋斗得到它。

78. 心理学家请人写信谈：

    A 小事情的启发　　　　　　　B 父母的影响
    C 分苹果的办法　　　　　　　D 成功的经验

79. 那名罪犯：

    A 偷偷地吃了大苹果　　　　　B 愿意给弟弟吃大的
    C 受到了母亲的责备　　　　　D 从此习惯了说假话

80. 那名罪犯的母亲有什么想法？
    A 不要太自私 　　　　　　　B 应该说假话
    C 讨厌小儿子 　　　　　　　D 原谅大儿子

81. 关于那位总裁，下面哪项是正确的？
    A 体贴弟弟 　　　　　　　　B 家庭有矛盾
    C 感激母亲 　　　　　　　　D 性格很狡猾

82. 通过分苹果这位总裁明白了：
    A 要学会关心弟弟 　　　　　B 要做个大方的人
    C 有努力才有收获 　　　　　D 有竞争才有权利

83—86.

　　很多人都想创业，但他们似乎有一个相同的不去创业的借口：我没有钱。我要是有钱的话，我会怎么怎么样。可是阿里巴巴主席马云的创业经历告诉我们，虽然没钱，但只要有理想、有决心，同样可以创造出自己的事业。

　　阿里巴巴开始创业时，只有50万资金。然而，就是这50万，马云却喊出了这样的话："我们要建成世界上最大的电子商业公司，要进入全球网站排名前十位！"阿里巴巴开始创业时相当困难，工作环境也相当艰苦。每个人工资只有500元，公司的开支十分紧张。外出办事，很少打车。据说有一次，大家出去买东西，东西很多，实在没办法了，只好打的。大家在马路上向的士招手，来了一辆比较贵的车，他们不坐，一直等到来了一辆车，每公里的费用比刚才那辆便宜几毛钱，他们才坐上去。阿里巴巴也曾经因为资金的问题，到了几乎要放弃的程度，可马云他们还是看好网络商务市场。

　　十几年过去了。如今，阿里巴巴已经成为了中国领先的电子商务网络公司。

83. 作者觉得，没有钱不能创业：

A 是个借口 　　　　　　　　B 妨碍工作

C 说法正确 　　　　　　　　D 符合现实

84. 关于马云，下面哪项是正确的？

A 不够大方 　　　　　　　　B 一直很顺利

C 不怕困难 　　　　　　　　D 是卖电脑的

85. 阿里巴巴开始时：

A 职员工资极高 　　　　　　B 资金紧张

C 领导经常打车 　　　　　　D 没有业务

86. 上文主要谈的是：

A 电子商务是发展方向 　　　B 阿里巴巴现在的状况

C 公司应该要提倡节约 　　　D 创业需要理想和决心

87—90.

　　刚刚进入工作单位，所有新人都面临着一段关键的试用期。作为新人，暂时对所有的事情和环境规则都不熟悉，这时怎样顺利地稳定下来，怎样为今后向上走打下一个良好的基础，都是需要智慧的。

　　在职场中顺利发展的<u>法宝</u>当然是做个真诚善良的好人，这样有助于建立良好的人际关系。但对于新人来说，在较短的时间内，要获得同事和单位的认可，只知道努力地干活是不够的。

对于新人来说，一定要对自己有一个长远的打算。因此，比获得好评、得到喜爱更重要的是，尽快找到自己的特色，能够独自负责某一领域的事情。然后，围绕着这个目标，积极工作，让自己全面熟悉这方面的工作，尽快从开始的次要角色转到核心工作。只有熟悉某方面的业务而且能顺利地发展时，你才算站稳了脚跟，成功地渡过了新人期。

87. 单位的新人一般有什么特点？

    A 不怎么熟悉业务   B 思想上比较稳定

    C 具有良好的基础   D 不知道运用智慧

88. 第二段中画线词语"法宝"最可能是什么意思？

    A 十分值钱的宝贝   B 不能改变的法规

    C 总能成功的办法   D 比较长远的打算

89. 对于新人来说，最关键的是：

    A 发展自己的特色   B 得到同事的喜爱

    C 跟领导搞好关系   D 了解各部门情况

90. 上文主要谈的是：

    A 参加招聘的细节   B 新人成功的关键

    C 人际关系的作用   D 核心业务的秘密

三、书 写

第 一 部 分

第 91—98 题：完成句子。

例如：发表　　这篇论文　　什么时候　　是　　的

　　　<u>这篇论文是什么时候发表的？</u>

91．这部　　经典　　极其　　电影

92．起来　　乐观　　使　　摄影　　他

93．请　　地　　一遍　　念　　大声

94．造成　　轻视　　后果　　失败的

95．很　　清淡　　得　　我　　吃

96．忍不住　　起来　　他　　嚷了

97．把　　出来　　她　　捐　　自愿　　财产

98．让　　热烈的　　气氛　　人　　激动

第 二 部 分

第 99—100 题：写短文。

99. 请结合下列词语（要全部使用），写一篇 80 字左右的短文。

　　餐厅　微笑　改善　周到　问候

100. 请结合这张图片写一篇 80 字左右的短文。

新 汉 语 水 平 考 试
HSK（五级）
全真模拟试题
（第6套）

注　　意

一、**HSK**（五级）分三部分：

　　1. 听力（45 题，约 30 分钟）

　　2. 阅读（45 题，45 分钟）

　　3. 书写（10 题，40 分钟）

二、**听力结束后，有 5 分钟填写答题卡。**

三、全部考试约 125 分钟（含考生填写个人信息时间 5 分钟）。

中国　北京　　　　　×××× / ×××××××　编制

一、听 力

第 一 部 分

第 1—20 题：请选出正确答案。

1. A 包含大部分项目
   B 价格不是太合理
   C 宾馆标准比较高
   D 交通费用自己出

2. A 门票
   B 座位
   C 朋友
   D 名片

3. A 约会
   B 教课
   C 系领带
   D 做早操

4. A 没有礼貌
   B 不好意思
   C 没戴眼镜
   D 眼睛不行

5. A 正在出差办事
   B 担心要下大雨
   C 在外面打电话
   D 已经收了被子

6. A 教训
   B 佩服
   C 体贴
   D 抗议

7. A 做手工
   B 学画画儿
   C 买胶水
   D 去寄信

8. A 有专门的舞厅
   B 卫生间比较大
   C 卧室有很多书
   D 房子在风景区

9. A 机票不能改
   B 可以先退票
   C 改日期要加钱
   D 机票不能打折

10. A 电影院
    B 火车站
    C 飞机场
    D 地铁站

11. A 解说员
    B 摄影师
    C 设计师
    D 售货员

12. A 男的是位农民
    B 梨被冻坏了
    C 女的想摘梨
    D 天气一直很冷

13. **A** 师生
    B 同学
    C 丈夫和妻子
    D 老板和职员

14. **A** 喜欢喝水
    B 消化不好
    C 希望苗条
    D 让人羡慕

15. **A** 上大学
    B 去开商店
    C 单独去旅游
    D 买生活必需品

16. **A** 是假货
    B 不好用
    C 比较贵
    D 不能换

17. **A** 不相信女的话
    B 自己不太慌张
    C 女的提醒错了
    D 登机牌在包里

18. **A** 喜欢吃花生
    B 对女的关心
    C 对花生过敏
    D 想得不周到

19. **A** 让男的付款
    B 在网上付钱
    C 收到货交钱
    D 去银行付款

20. **A** 经验
    B 自信
    C 知识
    D 能力

第 二 部 分

第 21—45 题：请选出正确答案。

21. A 肺不是太好
    B 抽烟很厉害
    C 劝男的戒烟
    D 父亲去世了

22. A 看电视剧
    B 学习做菜
    C 赞美丈夫
    D 主持节目

23. A 得把光盘擦干净
    B 电脑问题很严重
    C 暂时不能确定问题
    D 需要购买新的硬件

24. A 是男的妻子
    B 在海关工作
    C 希望加工资
    D 买了进口包

25. A 是个人才
    B 格外疲劳
    C 毫不谦虚
    D 追求权力

26. A 广告价格
    B 销售发票
    C 优惠日期
    D 商品种类

27. A 当个职员
    B 打工赚钱
    C 辅导中文
    D 去找工作

28. A 遇到了灾害天气
    B 刚刚从海边回来
    C 热得受不了了
    D 准备修理空调

29. A 蜡烛
    B 火柴
    C 蛋糕
    D 香烟

30. A 美术馆
    B 图书馆
    C 健身房
    D 电影院

31. A 女的爱吃零食
    B 女的正在减肥
    C 女的从没来过北京
    D 舅舅烧的菜不好吃

32. A 到舅舅家做客
    B 深入了解胡同
    C 参观名胜古迹
    D 完成毕业论文

33. A 十分轻松
   B 比较谨慎
   C 舍不得钱
   D 不太赞成

34. A 负责经营
   B 增加投资
   C 帮助注册
   D 提供指导

35. A 欢迎
   B 应付
   C 怀疑
   D 拒绝

36. A 帮忙登记
   B 负责招聘
   C 设计广告
   D 寻找客户

37. A 领导
   B 导游
   C 司机
   D 游客

38. A 人身的安全
   B 日程的安排
   C 车内的卫生
   D 车子的牌号

39. A 干活
   B 逃学
   C 聊天
   D 写诗

40. A 铜棒上有灰
   B 让铜棒更亮
   C 顾客要求这样
   D 把铁棒变成针

41. A 改进方法
   B 坚持到底
   C 用水来滴
   D 少说废话

42. A 糊涂
   B 可怕
   C 惭愧
   D 好奇

43. A 速度
   B 重量
   C 距离
   D 水深

44. A 在水中看得更清楚
   B 迅速提高游泳速度
   C 肌肉变得更有力量
   D 注意力更加集中了

45. A 石头
   B 硬币
   C 镜子
   D 糖果

二、阅 读

第 一 部 分

第46—60题：请选出正确答案。

46—48.

　　四个人来到一座桥边，这座桥架在空中，要抓着桥两边的绳子才能过去，不小心就会掉下去死掉。他们中一个是眼睛根本看不见的盲人，一个是耳朵听不见的聋子，剩下的是两个身体没有任何___46___的健全人。他们一个接着一个抓着桥两边的绳子往前走。结果呢？盲人和聋子过了桥，一个健全的人也过了桥，而另一个一开始就发抖，走到一半就掉下去___47___死了。盲人说："我眼睛看不见，不知危险，心里很___48___，就过去了。"聋人说："我的耳朵听不见，听不到脚下江水的声音，害怕就相对减少了。"那个健全的人说："我过我的桥，我只注意脚下稳不稳就行了。"

46. **A** 疾病　　　　**B** 残疾　　　　**C** 反应　　　　**D** 疑问
47. **A** 晕　　　　　**B** 醉　　　　　**C** 摔　　　　　**D** 恨
48. **A** 平静　　　　**B** 幸福　　　　**C** 满意　　　　**D** 天真

49—52.

　　从前，有一位老人，他耳朵听不清，眼睛也快瞎了，身体还经常___49___。他坐在桌边吃饭的时候，常因为拿不住勺子，把汤泼在桌子上。他的儿子和儿媳妇觉得他麻烦，就把___50___放在一个破碗里，让他到边上单独吃。有一次，老人的手没抓紧，碗落到地上摔碎了，儿子就冲过来骂他，老人只好躲在一边伤心地哭。这时，旁边的小孙子蹲在地上，把碎片一块块___51___起来。父亲问："你在做什么？"孩子回答说："我做一个小碗，等我长大了，叫爸爸和妈妈用它吃饭。"

　　儿子和儿媳妇互相看着对方，一下子认识到了自己的错误，马上请老人坐回桌子旁边，从此，___52___。

49. **A** 受伤　　　　**B** 移动　　　　**C** 治疗　　　　**D** 发抖

50. **A** 食物　　　　**B** 饮料　　　　**C** 原料　　　　**D** 粮食

51. **A** 甩　　　　　**B** 顶　　　　　**C** 捡　　　　　**D** 滚

52. **A** 老人单独吃饭　　　　　　　**B** 他们对老人很孝顺

　　　C 孙子不理父母　　　　　　　**D** 他们仿佛是一家人

53—56.

　　李明请他的朋友到一家餐馆儿吃饭，李明对朋友说："这里的服务员对顾客所有的要求都答应，甚至即使你要一份阳光，他们也会假装照你的要求去拿，然后再抱歉地对你说阳光刚刚卖完。"朋友听后很怀疑，觉得李明是在　53　。

　　于是，李明叫来一位服务员："请给我来两份恐龙肉。"朋友一听就笑了，恐龙六千万年前曾经在地球上生活过，可现在早就　54　了，到哪里找肉呢？

　　"先生，请问您喜欢什么样的恐龙肉？"服务员依然面带微笑地问道。

　　"煮得老一点儿的。"

　　服务员记下了菜名就走了。不一会儿，她回来了："先生，真抱歉！"

　　"怎么，卖完了？"李明故意露出一副很失望的　55　。

　　"先生，说实话，　56　，只是不太新鲜，我实在不想看到您的身体出问题，所以不忍心卖给您。"

53. **A** 胡说　　　　**B** 回忆　　　　**C** 谈判　　　　**D** 推辞

54. **A** 宣布　　　　**B** 寻找　　　　**C** 消失　　　　**D** 表明

55. **A** 姿势　　　　**B** 特征　　　　**C** 现象　　　　**D** 表情

56. **A** 肉还有一点儿　　　　　　　**B** 我们没有肉

　　　C 恐龙消失了　　　　　　　　**D** 肉已卖完了

57—60.

　　有家生产金属餐具的工厂主要生产勺子，有时勺子的把儿做不好，整个餐具就浪费了，十分可惜。一次，厂里的一位设计员去一家饮料店喝茶，他看到邻座的一个小孩儿拿着一把金属勺子在调热牛奶，金属传递热量比较　57　，孩子的手被烫了一下。这时他忽然想到：假如把那些废勺子的把儿换成用传递热量慢的材料来制作，　58　。

　　于是，这个设计员跑了许多玩具商店，通过　59　，发现各种动物造型的玩具最让儿童喜爱。回到厂里，他挑出几把废品勺子，砍下一段后再接上木制的动物形象，　60　出了一种新产品——又可爱又不烫手的勺子，很快就获得了小朋友们的喜爱。

57. **A** 急忙　　　　**B** 迅速　　　　**C** 谨慎　　　　**D** 明显
58. **A** 就能赚大钱了　　　　　　**B** 就不用金属了
　　 C 就不会烫到手了　　　　　**D** 就能获得小朋友喜爱
59. **A** 观察　　　　**B** 检查　　　　**C** 幻想　　　　**D** 纪录
60. **A** 构成　　　　**B** 描写　　　　**C** 批准　　　　**D** 开发

第二部分

第61—70题：请选出与试题内容一致的一项。

61. 怎样让家长成为孩子的朋友呢？首先家长和孩子之间要保持平等的关系，使孩子更关心家庭，孩子也容易接受父母的建议。另外要关心爱护孩子，孩子感受到家庭的温暖，就会主动向父母说出自己的心里话。

   A 家长要严格要求孩子
   B 孩子不用管家里的事
   C 孩子应该关心父母
   D 家长应该尊重孩子

62. 专家们设想在月球上建太阳能电站，把太阳能电池板大规模建设起来，发完电以后传回来，人类就不发愁能源问题了。不过现在问题是：第一，如何建太阳能电站；第二，怎么把电传回来。

   A 专家们想登月观察太阳
   B 大规模开发现在不实际
   C 人类不用担心能源问题
   D 目前月球上已可以发电

63. 为了让婚姻保持新鲜，现在有的年轻夫妻正在实行一种"五加二"生活。也就是周一至周五单独过，到了周末两人才一起过。有意思的是，对于这种同城却分开过的生活方式，父母们百分之百都持反对意见。

   A 夫妻周末在一起
   B 部分父母不支持
   C 他们婚姻不稳定
   D 没结婚可以这样

64. 提到手机的用途，很多人马上会想到打电话、发短信、上网……但未来手机的用途可远远不止这些，它可以是手上的银行、电影院、教室，可以为你提供定位服务，甚至可以远程控制家里的洗衣机和电冰箱。人类将迎来人与物、物与物之间互相连接的物联网时代。

—111—

A 未来手机用途更丰富

B 将来手机可以控制人

C 现在手机可以开冰箱

D 现在人们离不开手机

65. 养狗的人家可能会有这样的体验，当主人还没进屋的时候，狗仿佛就知道是主人回来了，一点儿都不紧张。但如果换了别人从屋外过，狗就会立刻站起来，有时还会叫。观察发现，人走路的习惯和左右脚轻微的不平衡使脚步声各有特点，狗可能是根据这些特征确定主人的。

A 主人一回家狗就很紧张

B 狗听脚步声判断是否是主人

C 人走路时双脚完全平衡

D 狗看走路方式确定主人

66. 中国人用虎、牛、马、猴、狗等 12 种动物代表 12 年，还用这些动物代表 12 个月。猴年里有一个月是马月，但是下一个猴年马月的情况就要出现在 12 年后了。所以如果一件事等待的时间比较长，同时结果也无法确定的时候，就用 "猴年马月" 来表示这段时间。

A 每一年都有猴年马月

B "马月" 办事不顺利

C 12 种动物代表了中国

D 猴年马月指时间很长

67. 所谓脚踩式洗衣机，就是人们像骑自行车那样通过链条传动，使得洗衣机里面的衣服转动起来。这种洗衣机不用电，另外与全自动洗衣机相比省时省水，又能锻炼身体。据说，这种洗衣机早在十几年前就出现了，现在世界资源缺乏，说不定哪天这种洗衣机就流行起来了。

A 这种洗衣机的用电量非常大

B 这种洗衣机洗起来时间太长

C 这种洗衣机很多年前就有了

D 这种洗衣机目前已经很流行

68. 中国功夫也叫武术，是从中国古代的生产劳动中产生的。它注重姿势的准确，同时也追求精神上的表达，要求练习功夫的人做到内外统一。它的目标不是打败别人，而是锻炼身体，培养坚强的个性。中国功夫派系复杂，其中以少林寺的功夫最为著名。

   A 中国功夫从战争中产生
   B 中国功夫重视精神表达
   C 中国功夫的目标是胜利
   D 中国功夫就是少林功夫

69. 像葡萄等紫色的蔬菜与水果不但好看，而且含有一种叫花青素的成分，具有强大的作用，可以阻止心脏病和脑中风的发生。如果患有心脑方面的疾病，常吃紫色食品益处很大。

   A 紫色水果好看但危险
   B 吃葡萄对心脏有好处
   C 紫色食品会让胃受伤
   D 花青素就是一种病毒

70. 有一对夫妻买了一部旧车，这部车进厂修理的时间比使用的时间还长得多，而且每次修理出厂后，都要使劲儿地推，才能发动。最近，这车子又经过了一次彻底的大修，但还是走走停停的。妻子很失望，但丈夫却说："亲爱的，我们该满意了，你没觉得经过这次大修，再推起来已经省力多了吗？"

   A 这车是新车
   B 丈夫很乐观
   C 这车很容易修
   D 这是辆手推车

第 三 部 分

第71—90题：请选出正确答案。

71—73.

一位孤单的旅游者在沙漠中迷路了，水也喝完了，就在这时，他突然发现身上还有一个梨。他惊喜地喊道："太好了，我还有一个梨，它能救我的命！"他把那个梨紧紧地握在手中，继续在沙漠里行走。很多次他对自己说："吃一口吧！"可是转念一想："还是留到最渴的时候吧！"于是他顶着烈日，继续艰难前行。就这样一直坚持了三天，终于走出了沙漠。他手中的那个梨，早已经干了，可是他还是把它像个宝贝似的握在手里。就是这一个梨给了他希望和勇气，使他走出沙漠，救了自己的命。

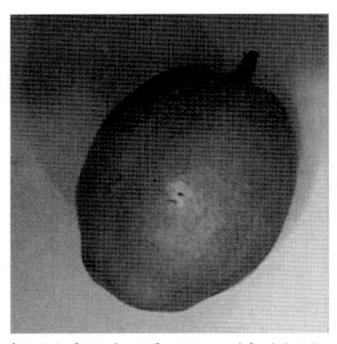

死神向来害怕希望，哪怕这希望只是一个已经干了的梨。

71. 这个旅游者怎么了？
    A 渴死了　　　　　　　　　B 迷路了
    C 没有吃的了　　　　　　　D 找到宝贝了

72. 这个梨对于旅游者来说：
    A 值得珍惜　　　　　　　　B 没什么了不起
    C 就是死神　　　　　　　　D 只是他的幻想

73. 作者认为希望：
    A 越大越好　　　　　　　　B 要符合现实
    C 未必有用　　　　　　　　D 能给人力量

74—77.

一个人工作了几年后，对朋友说："我要离开这家公司，我到现在连一点儿升职的机会都没有！"他的朋友建议道："我举双手赞成你离开！不过你现在离开，还不是最好的时机。"那个人不明白为什么，他的朋友说："如果你现在走，公司的损失并不大，你为公司工作那么多年，得到了什么呢？你应该利用在公司的机会，使劲儿去为自己寻找一些客户，然后带着这些客户突然离开公司，公司才会感受到你的重要性。"那个人觉得朋友说得很有道理，于是留下来更加努力地工作，半年后他有了许多的长期客户。再见面时朋友问他："现在是时候了，要跳槽就赶快行动吧！"那人平静地笑了笑说："老总跟我谈过，准备升我做副总，我暂时没有离开的打算了。"

要想得到重视，获得更多的机会，首先自己必须努力付出，显示出自己强大的能力。

74. 这个人为什么想要离开？
    A 他搬到外地了   B 他没受到重用
    C 他有了新的工作   D 他朋友建议他的

75. 朋友建议他做什么？
    A 发展自己的客户   B 立即离开这公司
    C 找总经理谈一谈   D 对公司提出抗议

76. 第一段中的"跳槽"最可能是什么意思？
    A 要求升职   B 换个工作
    C 寻找客户   D 参加招聘

77. 作者认为要想获得升职必须：
    A 向经理提辞职   B 听朋友的意见
    C 加倍努力工作   D 经常参加辅导

78—82.

她 1955 年秋天在中国山东济南出生。5 岁时，她突然得了重病，胸部以下全部瘫痪，完全没有了感觉。从那时起，她开始了自己独特的人生。

她虽然没有机会走进校门，却努力学习，学完了小学、中学的全部课程，自学了大学英语、日语、德语和世界语，并读完了大学课程。在读硕士研究生前，她被查出得了癌症，是鼻癌。手术后恢复的过程很痛苦，但她一边承受着痛苦，一边开始准备考试，最后她考上了吉林大学的哲学硕士。

1983 年她开始文学创作，先后翻译了数十万字的英文小说，编辑或创作了《生命的追问》、《轮椅上的梦》等书籍。其中《轮椅上的梦》在日本和韩国出版，而《生命的追问》出版不到半年，就重印了三次。

为了对社会作出更大的贡献，她先后自学了十几种医学专著，同时向有经验的医生请教，学会了中医的针灸，为老百姓免费治疗达一万多人次。

这个人就是张海迪，她一生做了很多次手术，用她自己的话说，其实生命就像火，虽然每天都有可能完全消失，但是只要你努力地去吹，小小的火星就会被越吹越大，生命的火就会继续燃烧下去。

78. 根据上文，可以知道张海迪：

    A 热爱写文章   **B** 在吉林长大

    C 一出生就得了重病   **D** 在中学接受过教育

79. 张海迪曾经学过什么？

    A 编辑   **B** 外语

    C 出版   **D** 内科

80. 张海迪的书：

    A 卖了很多钱   **B** 只在中国出版

    C 受大家欢迎   **D** 还在编辑当中

81. 张海迪学中医是为了什么?
    A 帮助普通的老百姓　　　　B 多拿一个资格证书
    C 成为中医学院老师　　　　D 开办自己的医药公司

82. 上文主要谈的是关于张海迪的:
    A 奋斗　　　　　　　　　　B 婚姻
    C 作品　　　　　　　　　　D 残疾

83—86.

一个专家组对 3500 个孩子出生 5 年后仍没有离婚的家庭做了一项调查。他们收集了这些家庭的男性分担家务、购物、照看孩子等情况的数据。这些家庭中,男性中 51% 责任心强,分担三项,25% 分担两项,24% 的男性仅分担上述任务的一项。

调查分析,"男主外、女主内"的传统对于当代家庭并不合理。1975 年以来,众多女性走出家门,使得劳动力市场结构发生了变化,传统观念中的男女角色受到挑战。虽然女性外出工作可能影响家庭稳定,但离婚风险会随着男性分担家务数量的增多而大大降低。调查表明,妻子做家务、丈夫基本不做家务的家庭比妻子在外工作、丈夫承担部分家务的家庭的离婚风险高 97%。

无论女性是否工作,男性分担家务可以使婚姻更稳定。其中,会做饭以及饭后收拾家务的男性,会使婚姻家庭更美满。

83. 分担一项的男性占了多少?
    A 24%　　　　　　　　　　B 25%
    C 51%　　　　　　　　　　D 97%

84. 劳动力市场结构变化是因为:
    A 婚姻不够保险　　　　　　B 女性参加工作
    C 男性受到挑战　　　　　　D 经济压力增加

85. 女性外出工作可能：
    A 促进夫妻感情　　　　　B 使婚姻更稳定
    C 影响家庭稳定　　　　　D 降低生活水平

86. 调查显示怎样使家庭更美好？
    A 女性专做家务　　　　　B 早点儿生孩子
    C 夫妻同时工作　　　　　D 丈夫分担家务

87—90.

中国人的"尊老敬老"通常都会很明显地体现在称呼上，比如"老先生""老人家"等，但现在老人的生活质量高、身体好，普遍显得年轻，老人心态也好，所以现在出现了一种"老哥"的叫法。

其实国外很多老人，尽管满头白发，甚至有的走路也不稳了，可心态却仍然年轻，对新事物也勇敢地去接受。这也许就有称呼上的原因，因为他们对男性均称"某某先生"，对女士都叫"某某女士"，就是在家里，小辈也可以直接喊他们的名字。

叫得年轻一点儿，就像给老人一种"您还年轻"的感觉，时间久了，老人会自然地接受这种称呼，心态因而也会变得年轻。所以，有专家建议，年轻人可以试着换个称呼，把家里老人叫年轻点儿，让老人感受到青春的气息。

87. "老先生"是对老人表示：
    A 同情　　　　　　　　　B 欣赏
    C 尊敬　　　　　　　　　D 鼓舞

88. 作者认为现在很多中国老人：
    A 缺乏锻炼　　　　　　　B 生活很好
    C 注重形象　　　　　　　D 不够勇敢

89. 作者认为国外很多老人：

A 心态年轻   B 老得太快

C 身体太差   D 不被孝顺

90. 上文主要谈了什么？

A 老人长寿的秘密   B 中外老人不一样

C 老人的生活方式   D 对老人的新称呼

三、书 写

第 一 部 分

第 91—98 题：完成句子。

例如：发表　　这篇论文　　什么时候　　是　　的

　　　 <u>这篇论文是什么时候发表的？</u>

91. 已经　　删除　　被　　文章　　了

92. 书架上　　摆在　　可以　　照片

93. 不得了　　得　　单纯　　这个人　　简直

94. 承受　　压力　　让　　你　　别　　对方

95. 下去　　肯定　　他　　不会　　坚持

96. 诗人　　爱　　都　　很　　幻想

97. 怀念　　大学的　　我们　　生活

98. 召开了　　总统　　会议　　亲自

第 二 部 分

第 99—100 题：写短文。

99. 请结合下列词语（要全部使用），写一篇80字左右的短文。

　　调皮　　逗　　大象　　观众　　打招呼

100. 请结合这张图片写一篇80字左右的短文。

新 汉 语 水 平 考 试
HSK（五级）
全真模拟试题
（第 7 套）

注　　意

一、**HSK**（五级）分三部分：

    1. 听力（45 题，约 30 分钟）

    2. 阅读（45 题，45 分钟）

    3. 书写（10 题，40 分钟）

二、**听力结束后，有 5 分钟填写答题卡。**

三、全部考试约 125 分钟（含考生填写个人信息时间 5 分钟）。

中国　北京　　　　　　　×××× / ×××××× 　编制

一、听 力

第 一 部 分

第1—20题：请选出正确答案。

1. A 胳膊伤得厉害
   B 服从领导安排
   C 肯定参加比赛
   D 比赛被推迟了

2. A 最近黄金大涨
   B 股票市场很好
   C 女的赚到钱了
   D 市场没有风险

3. A 名品店
   B 展览馆
   C 图书馆
   D 电影院

4. A 延长了两分钟
   B 气氛不够热烈
   C 经理批评了大家
   D 大家提出了意见

5. A 小时候吃得好
   B 姥姥照顾得好
   C 在农村玩儿得多
   D 干活儿干得较多

6. A 想买新的电视
   B 想修好旧电视
   C 旧电视寿命长
   D 要求男的赔偿

7. A 拿通知书
   B 去上大学
   C 参加旅游
   D 买牛仔裤

8. A 批评
   B 佩服
   C 羡慕
   D 委屈

9. A 警察
   B 小偷
   C 安装工
   D 摄影师

10. A 医生和病人
    B 老师和学生
    C 丈夫和妻子
    D 教练和学员

11. A 游览古塔
    B 等候大家
    C 拍摄照片
    D 收拾行李

12. A 从不认输
    B 钓到了鱼
    C 不满意男的
    D 钓鱼水平高

13. **A** 下周
    B 今天
    C 明天
    D 后天

14. **A** 考试已经取消
    B 要向别人打听
    C 上网查找消息
    D 不想跟人争论

15. **A** 劝女的做手术
    B 鼓励女的表演
    C 希望女的多吃
    D 不太会说好话

16. **A** 录了戏剧家的演唱
    B 无法用于戏剧研究
    C 内容是外国的戏剧
    D 录音质量有点儿差

17. **A** 撞车了
    B 失业了
    C 受伤了
    D 堵车了

18. **A** 上周三
    B 上周五
    C 本周三
    D 本周五

19. **A** 女的没什么魅力
    B 女的眉毛很自然
    C 男的喜欢浓眉毛
    D 男的在赞美女的

20. **A** 保险箱并不太保险
    B 密码要记在电脑里
    C 保险锁不会打不开
    D 人脑其实更加保险

第 二 部 分

第 21—45 题：请选出正确答案。

21. A 女儿锻炼去了
    B 父亲非常操心
    C 母亲担心女儿
    D 姑姑要来做客

22. A 可以上网
    B 自动录音
    C 接电话免费
    D 打长途省钱

23. A 开班时间不固定
    B 一个小时七十块
    C 买钢琴会有优惠
    D 一个班有很多人

24. A 很受欢迎
    B 价格便宜
    C 卖不出去
    D 味道很怪

25. A 叫醒工程师
    B 到饭店见面
    C 找位老同学
    D 转告他妻子

26. A 不断进行重复
    B 让女的看动画
    C 让女的抄一遍
    D 自己表演一下

27. A 船上
    B 家里
    C 飞机上
    D 旅行社

28. A 他年纪不大
    B 他想找医院
    C 他想要买花
    D 他现在不饿

29. A 喝酒
    B 闯红灯
    C 检查驾照
    D 打电话报警

30. A 电影引起了回忆
    B 他们正在谈恋爱
    C 女的已不再单纯
    D 爱情更加复杂了

31. A 喝咖啡
    B 写文章
    C 买保险
    D 看杂志

32. A 男的姓文
    B 男的事先约好了
    C 牛经理今天没空儿
    D 男的第一次买保险

33. A 他英文水平很高
    B 他看了很多遍了
    C 电影有中文字幕
    D 电影内容容易懂

34. A 出国读书
    B 考研究生
    C 去掉字幕
    D 控制自己

35. A 是个军人
    B 会修飞机
    C 常喝醉酒
    D 爱教训人

36. A 没有意思
    B 十分幸运
    C 不够善良
    D 非常厉害

37. A 气候一直潮湿
    B 海洋面积广大
    C 受冷暖空气影响
    D 现在正好是雨季

38. A 雨量很大
    B 没有大风
    C 将连续两次降温
    D 不受冷空气影响

39. A 老师
    B 学生
    C 农民
    D 路人

40. A 替他放羊
    B 派人帮忙
    C 解决困难
    D 追求真理

41. A 路不好走
    B 光线太暗
    C 小路太多
    D 有人打架

42. A 邻居太笨了
    B 羊都找到了
    C 大家都迷路了
    D 方向很重要

43. A 找不到遥控器
    B 买不到电视机
    C 电视不受控制
    D 网络突然断了

44. A 没有遥控器卖
    B 纸巾和遥控器分开装
    C 装纸巾的盒子比较多
    D 遥控器的盒子面积大

45. A 价格高
    B 样子好
    C 很实用
    D 材料新

二、阅　读

第 一 部 分

第 46—60 题：请选出正确答案。

46—48.

　　父亲给两个儿子分别买了篮球架，架子都是活动的，可以升高，也可以降低。小儿子开始投球的时候，把架子降得比较低，他很有__46__地一次又一次地投着，等十个球都能投进的时候，他就把篮球架升高一点儿。接着，他继续__47__这样的做法。而大儿子开始就把篮球架升得很高，几个球投不进去，他就不高兴了，只好把架子降低一点儿；接着再投，还是投不进去，他又不高兴了，把架子又降低了一点儿。过了一段时间，父亲来看看他俩的__48__，小儿子已经能投得很高了，大儿子却只能在很低的地方投球。

46．**A** 意义	**B** 耐心	**C** 原则	**D** 制度
47．**A** 综合	**B** 应用	**C** 重复	**D** 享受
48．**A** 状况	**B** 形势	**C** 题目	**D** 配合

49—52.

　　他辛苦写了一年的论文，就这样被专家否定了。他心里很不平衡，甚至想：那些专家有什么__49__来评论我的文章？他感觉有些灰心，什么也不想做。

　　他走到一条河边，碰到一个老人坐在河边叹气。就问："您为什么坐在这里？"

　　老人说："我无法过河，水里的石头有问题。"

　　他不明白，问："石头有什么问题？"

　　老人说："石头上长满了青苔，我一__50__就会滑倒，所以我过不了河，都怪这些石头！"

　　他走到水边看了看，果然像老人说的。他看了看老人身旁的草说："老人家，您何必__51__那些石头呢？只要我们在脚上捆一些草就不会滑了！"

过了河，老人轻叹了一口气说："我坐了三个小时，一直怪那些石头，自己却不想办法过河，这有什么用呢？"

他听了，好像突然明白了什么。是的，自己只知道怪那些专家，可为什么不静下心来，___52___？

49. **A** 兴趣 　　**B** 背景 　　**C** 理由 　　**D** 资格
50. **A** 踩 　　**B** 摸 　　**C** 摇 　　**D** 转
51. **A** 保留 　　**B** 比较 　　**C** 责备 　　**D** 处理
52. **A** 好好修改论文呢 　　　　**B** 只想着抗议专家呢
　　 C 什么事都不做呢 　　　　**D** 提高自己的信心呢

53—56.

有一种鸟经过训练，会___53___别人说话。于是，它每天都说那几句话，逐渐地认为自己像人一样厉害，不把别的动物放在眼里了。

跟小鸟一起住在树上的还有一种虫子。天气太热，这种虫子就天天叫个不停。小鸟天天听，觉得___54___了，就对小虫嚷嚷起来："你能不能别叫了！天天叫来叫去，吵死了！我会说人话，也不像你这样烦。"

小虫听后笑笑说："你虽然会说人话，可你说的都是别人的话。我表达的都是自己的观点，___55___的都是自己的态度。你会说人话有什么用呢？"

小鸟听后，惭愧地低下了头。从此，___56___。

53. **A** 模仿 　　**B** 强调 　　**C** 启发 　　**D** 评价
54. **A** 不得了 　　**B** 了不起 　　**C** 不耐烦 　　**D** 来不及
55. **A** 叙述 　　**B** 询问 　　**C** 显示 　　**D** 体现
56. **A** 小鸟更加努力学话 　　　　**B** 小虫再也不敢叫了
　　 C 它们天天都要吵架 　　　　**D** 小鸟再也不骄傲了

57—60.

　　牛仔裤最早诞生于经济不太__57__的地区。那些地区工人和农民比较多，这些人常常干重活儿，他们__58__的时候，需要结实的裤子，于是牛仔裤的发明者就用一种又便宜又结实的蓝布做裤子。到这些地方旅行的人们发现了这种裤子，常常会带回一条当__59__。没多久，牛仔裤就开始从工作裤变成了休闲裤，进入了人们的日常生活。每年有不同的时尚，__60__，为什么呢？它又实用又漂亮，穿起来很精神，也许这就是它的优势吧。

57. **A** 温柔　　　　**B** 讲究　　　　**C** 发达　　　　**D** 民主
58. **A** 执行　　　　**B** 劳动　　　　**C** 交际　　　　**D** 解放
59. **A** 纪念　　　　**B** 奇迹　　　　**C** 身份　　　　**D** 商品
60. **A** 牛仔裤却不够时尚　　　　　　**B** 休闲裤风格也在变
　　　C 休闲裤越来越大方　　　　　　**D** 牛仔裤却一直流行

第 二 部 分

第61—70题：请选出与试题内容一致的一项。

61. 怎样培养孩子的注意力呢？首先，家长要给孩子安排一个安静的小环境，给孩子个人活动的空间。另外，在孩子专心学习时，家长不要随便打扰，应在孩子学习完后，再提出要求。

A 不要随便打扰孩子
B 家长要常提出要求
C 房子大注意力更集中
D 注意力强的孩子安静

62. 中国平均每人拥有的水资源只是世界平均水平的四分之一，但中国人的用水量却十分巨大，像北京的人均用水量是世界平均水平的4倍。中国的大中城市，水资源缺乏已经成为一个严重的问题。

A 中国水资源很丰富
B 世界人均用水量大
C 大中城市严重缺水
D 中国人均水资源多

63. 粗粮是相对我们平时吃的白米、白面等细粮来说的，包括玉米、小米、绿豆和红豆等。每天在吃细粮的同时，吃适量的粗粮，能保证我们的消化系统正常运动，从而降低心脑血管病的风险。

A 粗粮促进消化
B 白米属于粗粮
C 豆腐属于粗粮
D 吃细粮有风险

64. 数码相机的产生意味着拍摄不再需要传统的化学暗房，图片稍微调整一下，连接上打印机就可以打印出照片，这大大降低了摄影艺术的门槛，使摄影走进了普通老百姓的生活。这也是数码相机除了环保之外，最值得肯定的地方。

   A 传统摄影也需要打印机
   B 数码摄影不算是门艺术
   C 数码相机的价格不普通
   D 数码相机更能保护环境

65. 主人出去旅行前，可以把宠物委托给"亲亲宠物公寓"照顾，让宠物享受个性化的服务。宠物吃完早餐后，服务员要清洁每个房间；晚餐后，服务员还会轮流带宠物出去散步。每隔三四天，服务员还会为这些宠物洗澡，做全身大清洁。

   A 主人常带宠物一起旅行
   B 宠物晚餐后轮流去散步
   C 宠物吃完早餐后要洗澡
   D 公寓三四天要打扫一次

66. 象棋，又称中国象棋，是象征着战争的一种古老游戏。象棋用具简单，下时只需要两人，谁先吃掉对方的将军谁就胜利。它趣味性强，在中国已成为极其广泛的体育活动。在中国的街头巷尾，经常可以看到两人下棋，身边一群人围着看的场面。

   A 象棋容易引起矛盾
   B 老人最喜欢下象棋
   C 象棋不适合老百姓
   D 象棋属于体育活动

67. 中国大部分人都喜欢红色，春节时会给小孩儿装了钱的红包，过节时街上常挂着红色的灯笼，中国的国旗也是红色。科学研究表明，中国60%以上人群的皮肤属于暖色，这种肤色的人穿红色最漂亮。从民族心理上讲，它表达出了一种热情勤奋的态度，这正是中国人最欣赏的。

A 春节要给小孩子买红衣服

B 中国 60% 的人都喜欢红色

C 过节一定要挂红色的灯笼

D 中国人欣赏勤奋热情的人

68. 中国古代神话中有八位神仙，他们有一次去天上开会，路上要经过东海。东海很大，但这几位神仙各有各的过海工具，他们有的坐在花篮里过海，有的用自己的乐器过海。后来，民间就用"八仙过海，各显神通"来说明每个人都有自己做事的方法，也都有自己的本领。

A 他们各有各的本领

B 他们准备参加比赛

C 他们是很普通的人

D 他们只能坐船过海

69. 10 年前，使用信用卡消费还是少数人的行为，然而今天刷卡消费已经是"平民的行为"了。据统计，到 2011 年底，中国信用卡累计发卡量为 2.85 亿张，比上年同一时期增长 24.3%。调查显示，商场、超市、购物中心是消费者使用信用卡最多的地方。

A 信用卡在中国历史悠久

B 有钱人更爱使用信用卡

C 信用卡发卡量迅速增加

D 消费者喜欢在餐厅刷卡

70. 小吴在信号灯前停车时，突然感觉到旁边一辆车里有人在向他挥手。他看过去，是个小伙子。他想是不是自己记忆力太差了，这说不定是个很久没见的客户。于是他就一直对人家笑，对方就着急地对他喊。后来他才明白，原来人家是告诉他油箱的盖子忘了关了。

A 对方是小吴的客户

B 小吴记忆力比较差

C 对方是在提醒小吴

D 小吴的后车门没盖

第 三 部 分

第71—90题：请选出正确答案。

71—73.

在招聘过程中，考官最重视的是什么呢？

第一要有自信，大方地面对考官，勇敢地保持自己独特的个性，以坦率的方式和别人进行交流。千万不要别人说什么就是什么，要相信自己的能力，用这种能力去思考。

第二就是诚实，不要不懂装懂。人的能力有大有小，所以对于自己不了解的知识或问题，要勇敢地承认并向别人学习。

第三就是能承认错误。有些人对于明明知道是错误的事情，还一定要跟人辩论下去，导致矛盾得不到解决。其实，承认错误更能证明你是个谦虚诚实的人。

71. 怎么做才是自信的表现？
    A 花钱大方   **B** 独立思考
    C 批评别人   **D** 经常辩论

72. 承认错误能证明什么？
    A 自信大方   **B** 能力不够
    C 谦虚诚实   **D** 别人正确

73. 本文主要谈的是：
    A 交际   **B** 招聘
    C 谈恋爱   **D** 打招呼

74—77.

　　一位富有的商人在路边散步时，遇到一个穿着破旧的衣服在路边卖旧书的年轻人，年轻人在寒风中吃着发霉的面包。有着同样苦难经历的富商十分同情他，想也不想，便将一百块钱放到年轻人的手中，然后头也不回地走开了。没走多远，富商忽然觉得这样做不好，于是连忙走回来，从地上捡了两本旧书，并抱歉地解释说自己忘了取书了。富商还告诉年轻人说："其实，你和我一样也是商人。"

　　两年之后，富商受到邀请参加一个商业界的会议时，一位年轻的书商迎了上来，紧紧地握着他的手感激地说："先生，您可能早忘记我了，但我永远也不会忘记你。我一直认为我这一生的命运就只能是在路边卖旧书了，直到那天您亲口对我说，我和您一样都是商人，这才使我有了自尊和自信，从而创造了今天的成绩。"

　　同情可以帮助别人解决生活上的困难，但尊重却可以给人克服困难的信心。

74. 商人为什么同情年轻人？
　　A 年轻人一直哭　　　　　　　B 他自己以前也很苦
　　C 年轻人破产了　　　　　　　D 年轻人请求他买书

75. 富商对年轻人最大的帮助是什么？
　　A 请年轻人吃了顿饭　　　　　B 给了年轻人一百元
　　C 买了年轻人两本书　　　　　D 说年轻人也是商人

76. 那个年轻人：
　　A 现在成功了　　　　　　　　B 很相信命运
　　C 忘记富商了　　　　　　　　D 一直卖旧书

77. 本文主要谈：

A 成功的经历　　　　　　　　B 同情的意义

C 尊重的力量　　　　　　　　D 友情的奇迹

78—82.

在这个重视外表的时代，尤其是在文艺界里，周杰伦的成功有点儿<u>不可思议</u>。就像他自己所说："我大部分的女歌迷都不会对我说我很帅，相反地，她们会告诉我，她们喜欢我的音乐，被我的音乐吸引。"

据母亲回忆，周杰伦在学会走路前，就对音乐很敏感。周妈妈在他四岁的时候，就送他进钢琴班学琴，而且他十分努力，对钢琴很疯狂。高中钢琴老师说，周杰伦十几岁时，就可以当众表演。出了练琴的房间，周杰伦是个再普通不过的青少年，打篮球、看功夫电影、打游戏，在学习上并不优秀，大学都很难考上。

是音乐救了他，给他带来了幸运。有一次，朋友帮他报名参加一个节目，他不敢一个人表演，决定帮一位想当歌手的朋友写歌，并为他弹钢琴。那位想当歌手的朋友唱得很糟糕，但是主持人看了周杰伦写的歌，立即找到他，与他签了合同，让他专门为歌手写歌。

就这样，他用两年时间专心为歌手写歌，他写的歌总能流行起来。后来，他又从幕后走到台前，成为亚洲最流行的歌手之一。

78. 根据本文，可以知道周杰伦：

A 喜欢弹琴　　　　　　　　B 不打游戏

C 成绩优秀　　　　　　　　D 注重外表

79. 第 1 段中画线词语"不可思议"的意思是：

A 不值得讨论　　　　　　　B 让人想不到

C 不可以评价　　　　　　　D 没办法做到

80. 周杰伦对什么很敏感?

    A 篮球   **B** 功夫

    C 音乐   **D** 游戏

81. 关于那次节目,下列正确的是:

    A 周杰伦没有参加   **B** 周杰伦自己去报的名

    C 周杰伦唱得不好   **D** 周杰伦为朋友写了歌

82. 现在的周杰伦主要做什么?

    A 演戏   **B** 唱歌

    C 弹钢琴   **D** 开公司

83—86.

    情人节的前两个月,一位心理学家在两对成长背景、年龄大小和交际过程差不多的恋人当中,做了这样一个送玫瑰花的实验:让其中一对的男孩儿,每个周末都给自己的女朋友送一把红玫瑰;而让另一对中的男孩儿,只在情人节那一天送。

    结果是:那个在每个周末都收到红玫瑰的姑娘,在情人节又收到花时,表现得相当平静,而且还说:"我看到别人送给自己女友的花比这普通的红玫瑰漂亮多了,心里真羡慕啊!"而那个从来没有收到过玫瑰的姑娘,在情人节手捧鲜花时,表现得极其兴奋,与男友紧紧拥抱在一起。

    心理学家在得到实验结果以后,立刻先向两对恋人说明缘故,以消除实验带来的不良影响,同时向他们强调说:"在人与人的交际中,对于'给'的一方来说,要懂得'给'应该是平等、及时、适当的。而对于'受'的一方来说,要懂得感激,这样才能更懂得珍惜,更懂得满足,才会有更多的快乐和幸福。"

83. 这两对实验对象:

    A 工作相同   **B** 年龄相近

    C 彼此认识   **D** 背景不同

84. 每个周末都收到花的姑娘在情人节那天：
   A 很不满意   B 十分兴奋
   C 不太满足   D 更爱男友

85. 情人节才收到花的姑娘：
   A 懂得感激   B 非常平静
   C 批评男友   D 羡慕别人

86. 本文主要谈的是：
   A 情人节送花   B 实验的影响
   C "给"和"受"   D 男人和女人

87—90.

我们都在追求完美，可是完美究竟是什么呢？其实，许多烦恼都来自一个错误的观念：我们必须做得完美才能得到别人的尊敬，才能走向成功。

其实，人生不是射击，只有射到中心点才是最好的；人生也不是一盘棋，如果走错一步那么可能后面都错了。人生更像是一场足球比赛，即使最强的队也会在比赛中失败，即使最差的队也可能有胜利的一天，只要我们获得的多于失去的就够了。

我们每一个人天生都有这样或那样的不足，我们的人生也不可能事事像我们期待的那样，能认识到自己有种种遗憾，但仍然能坚持追求理想，并在追求中乐观地享受人生酸甜苦辣的过程，这样的人生虽然不一定是完美的，但至少可以说是完整的。完整的人生，不也可以说是成功的人生吗？

87. 作者所说的错误观念是：
   A 完美才能够成功   B 要努力获得尊敬
   C 人生就像在下棋   D 比赛绝不能失败

88. 作者认为，人生像什么？
   A 走路   **B** 下棋
   C 足球比赛   **D** 射击比赛

89. 作者认为，我们的人生：
   A 会发生奇迹   **B** 有很多遗憾
   C 可以期待完美   **D** 失去多于获得

90. 作者认为，什么是成功的人生？
   A 期待成为现实   **B** 丝毫没有遗憾
   C 一切都很完美   **D** 拥有完整人生

三、书 写

第 一 部 分

第 91—98 题：完成句子。

例如：发表 　 这篇论文 　 什么时候 　 是 　 的

　　　　<u>这篇论文是什么时候发表的？</u>

91. 何必 　 讽刺 　 呢 　 他

92. 广场上 　 飞 　 纷纷 　 鸽子 　 到

93. 打开 　 他 　 起来 　 站 　 大门

94. 闪电 　 哭了 　 吓 　 孩子

95. 电灯 　 伟大 　 很 　 发明 　 的

96. 行业 　 这个 　 得 　 繁荣 　 发展 　 非常

97. 一口 　 兔子尾巴 　 蛇 　 咬了 　 被

98. 可以 　 肥皂 　 杀死 　 病毒

第 二 部 分

第 99—100 题：写短文。

99. 请结合下列词语（要全部使用），写一篇 80 字左右的短文。

　　胃　温柔　消化　治疗　诊断

100. 请结合这张图片写一篇 80 字左右的短文。

新 汉 语 水 平 考 试
HSK（五级）
全真模拟试题
（第 8 套）

注　　意

一、**HSK**（五级）分三部分：

　　1. 听力（45 题，约 30 分钟）

　　2. 阅读（45 题，45 分钟）

　　3. 书写（10 题，40 分钟）

二、**听力结束后，有 5 分钟填写答题卡。**

三、全部考试约 125 分钟（含考生填写个人信息时间 5 分钟）。

中国　北京　　　　　　　　　×××× / ××××××　编制

一、听　力

第 一 部 分

第 1—20 题：请选出正确答案。

1. **A** 开车
   B 走路
   C 坐地铁
   D 乘公交

2. **A** 不喜欢吃
   B 鱼比较贵
   C 对鱼过敏
   D 想要减肥

3. **A** 应该去劝
   B 不要操心
   C 吵架不好
   D 尽量别去

4. **A** 愤怒
   B 羡慕
   C 佩服
   D 吃惊

5. **A** 三点开始
   B 由男的主持
   C 老师都要参加
   D 是关于选举的

6. **A** 司机
   B 警察
   C 售票员
   D 售货员

7. **A** 态度很谨慎
   B 刚拿到驾照
   C 开车技术差
   D 是个胆小鬼

8. **A** 家里
   B 超市
   C 体育馆
   D 飞机场

9. **A** 小说
   B 电影
   C 故事书
   D 连续剧

10. **A** 女的特别爱热闹
    B 儿子想搬出去住
    C 他们以前常常搬家
    D 男的在这儿没朋友

11. **A** 准备开讲座
    B 记忆力不好
    C 想出去散步
    D 不太会说话

12. **A** 小刚的朋友
    B 小刚的父母
    C 小刚的老师
    D 小刚自己

13. A 要培养创造力
    B 新产品很实用
    C 自己收获很大
    D 想要继续学习

14. A 非常喜欢喝
    B 想用来洗脸
    C 买了送给朋友
    D 家里没牛奶了

15. A 警察和司机
    B 老板和职员
    C 老师和学生
    D 医生和病人

16. A 星期二
    B 星期三
    C 星期四
    D 星期五

17. A 吃东西
    B 擦键盘
    C 买电脑
    D 做晚饭

18. A 春天
    B 夏天
    C 秋天
    D 冬天

19. A 女的病得很严重
    B 女的最近比较累
    C 男的想好好休息
    D 男的是家庭医生

20. A 爬山
    B 照相
    C 拍电影
    D 画画儿

第 二 部 分

第 21—45 题：请选出正确答案。

21. A 买醋
    B 吃饭
    C 洗澡
    D 工作

22. A 超市
    B 邮局
    C 博物馆
    D 动物园

23. A 该去哪儿旅游
    B 南北方的习惯
    C 如何去买机票
    D 哪个城市更好

24. A 登记名字
    B 等待朋友
    C 预订餐厅
    D 交电话费

25. A 谦虚的
    B 赞美的
    C 幽默的
    D 亲切的

26. A 孩子非常有想象力
    B 孩子比较喜欢看书
    C 要培养孩子的兴趣
    D 她的孩子特别聪明

27. A 实验不成功
    B 不要怕麻烦
    C 不应该灰心
    D 马上会成功

28. A 书年底能出版
    B 内容作了修改
    C 男的心里很着急
    D 女的在安慰男的

29. A 电视机质量太差
    B 精彩节目太少了
    C 眼睛得不到休息
    D 广告的数量太多

30. A 价格
    B 技术
    C 颜色
    D 样式

31. A 气候很好
    B 生活轻松
    C 非常现代
    D 小吃很多

32. A 很会做菜
    B 说不好普通话
    C 很喜欢这座城市
    D 在这儿生活了十多年

33. A 六年
   B 七年
   C 八年
   D 十年

34. A 朋友增加了
   B 生活丰富了
   C 脾气变好了
   D 身体更棒了

35. A 找合适的房子
   B 为了积累经验
   C 要找个人结婚
   D 想把书卖出去

36. A 很会做宣传
   B 找不到妻子
   C 长得很英俊
   D 喜欢登广告

37. A 医院
   B 学校
   C 商场
   D 车站

38. A 喜欢买衣服
   B 已经三岁了
   C 在商场走丢了
   D 穿着白色上衣

39. A 酒的味道不太好
   B 酒杯里有一条蛇
   C 乐广家有很多酒
   D 酒瓶破了一个洞

40. A 变瘦了
   B 摔伤了
   C 失眠了
   D 病倒了

41. A 带着朋友去看医生
   B 弄清楚事情的原因
   C 请朋友再来喝杯酒
   D 把家里那条蛇杀掉

42. A 非常长
   B 没危险
   C 样子恐怖
   D 并不存在

43. A 价格很贵
   B 颜色不太鲜艳
   C 很难吸引读者
   D 受到消费者批评

44. A 舒服
   B 兴奋
   C 单调
   D 无聊

45. A 不喜欢
   B 很欢迎
   C 无所谓
   D 很讨厌

二、阅 读

第 一 部 分

第46—60题：请选出正确答案。

46—48.

　　有两家皮鞋工厂，__46__派了一名销售员到某个地方去开发市场。两个销售员到达后的第二天，分别给自己的工厂写了电子邮件。甲说："这个地方__47__没有人穿鞋子，我明天会乘第一班飞机回去。"乙说："真是太棒了，这个地方没有一个人穿鞋子，__48__。"后来，乙的工厂在这儿建了一个分厂，鞋子卖得很好，赚了很多钱。而甲的工厂白白失去了这样一个好机会。

46. A 个别　　　　　B 各自　　　　　C 每个　　　　　D 全面
47. A 简直　　　　　B 始终　　　　　C 居然　　　　　D 除非
48. A 我真是白来了　　　　　　　　B 我明天也回去
　　 C 我们别生产皮鞋了　　　　　　D 我们的市场太大了

49—52.

　　一次，孔子在路上见到一个人坐在路边哭得很伤心，便问他为什么这么伤心。那个人说："因为我这一辈子犯了三个错误，现在一想起来就伤心。第一，年轻的时候忙着做学问，没有好好照顾父母，__49__要让他们为我操心。第二，我做事不够尽心尽力，妨碍了自己的__50__。第三，我从小对朋友不友好，大家都不愿意接近我，现在年纪大了，觉得孤单。现在我想__51__这些缺点，可是父母去世了，朋友不再来了，我年龄也大了，没有机会了。每次想起这些，我就忍不住伤心。"孔子说："树想要安静下来，但是风却不停地__52__它。客观环境是不会随着你的主观意愿而改变的。"

49. A 所以　　　　　B 于是　　　　　C 但是　　　　　D 反而
50. A 前途　　　　　B 魅力　　　　　C 领域　　　　　D 趋势
51. A 完善　　　　　B 变化　　　　　C 改正　　　　　D 修改
52. A 捡　　　　　　B 吹　　　　　　C 踩　　　　　　D 牵

53—56.

　　唐伯虎是中国古代有名的大画家。小时候母亲把他送到著名画家沈周那里学习。唐伯虎很聪明，没学几天，就已经画得很___53___了，于是，他不想继续学下去了。老师看出了唐伯虎的心思，就把他领到后花园的一间小屋里。这间小屋平时总是___54___着门，屋里有四扇窗户，唐伯虎从窗户望出去，外面花红柳绿，___55___非常漂亮。唐伯虎看得呆住了，师父说："打开窗户看吧"，唐伯虎立刻推窗，但怎么也推不动，他这才发现，窗户原来是老师画的，自己竟然没看出来。从此以后，___56___。跟老师认真地学画画儿。

53．A 出色　　　　B 辛苦　　　　C 抽象　　　　D 灰心

54．A 拦　　　　　B 横　　　　　C 锁　　　　　D 卷

55．A 风俗　　　　B 事物　　　　C 情景　　　　D 景色

56．A 唐伯虎不想看风景了　　　　B 唐伯虎换了新的老师
　　　C 唐伯虎再也不骄傲了　　　　D 唐伯虎再也不去那儿了

57—60.

　　气候学上有一个著名的"蝴蝶效应"___57___。在南半球某地有一只蝴蝶，它偶然拍动翅膀所引起的空气流动，几个星期后可能会导致北半球某地的一场龙卷风。下面这个例子可以更___58___地解释蝴蝶效应：在战场上，丢失了一颗钉子，会使马的铁蹄坏掉，马的铁蹄坏掉，可能会使马上的士兵受伤，这个士兵受伤，可能会让这场战争输掉，___59___，可能会使一个国家灭亡。这个理论告诉我们：看起来不___60___的现象之间存在着千丝万缕的内部联系。

57．A 故事　　　　B 理论　　　　C 逻辑　　　　D 谜语

58．A 主观　　　　B 朴素　　　　C 形象　　　　D 熟练

59．A 输了这场战争　　　　B 没有正确的指挥
　　　C 士兵们不努力　　　　D 经济发展得不好

60．A 相同　　　　B 相对　　　　C 相似　　　　D 相关

第 二 部 分

第 61—70 题：请选出与试题内容一致的一项。

61. 我的车是去年买的，买车以后一个明显的感觉就是，这个城市变小了。以前骑自行车的时候，每天的活动范围也就是几公里，有了车，想去哪儿就去哪儿，遇到恶劣天气也不怕，生活质量提高了很多。

    A 这个城市的面积变小了

    B 骑自行车上下班很方便

    C 天气恶劣时才应该开车

    D 买车以后生活变方便了

62. 牛在中国有特殊的地位，因为，中国自古以来就是以农业立国的国家，牛在农业生产中是必需的，与农业有密切的关系。另外，根据中国的古代神话传说，牛能战胜水里的怪物，所以很多地方有在河岸上放置铁牛、石牛的风俗。

    A 中国的农业生产很发达

    B 牛是一种很神秘的动物

    C 很多河岸上都放有石牛

    D 关于牛的神话传说很多

63. 在我们从小到大的记忆中，好像很少有在家里使用公用筷子的习惯。很多人觉得在自家的餐桌上用公筷太见外了。但为了家人的健康，我们都应该提倡在家里，特别是节日的餐桌上使用公筷。

    A 用公筷有利于家人的健康

    B 使用公筷是很麻烦的事情

    C 现在很多家庭开始用公筷了

    D 在餐厅吃饭时不需要用公筷

64. 胡同指主要街道之间比较小的街道。胡同是北京的一道风景，北京到底有多少胡同，谁也数不清。不过，近年来，由于北京城市建设的需要，很多胡同已经不存在了，这对于我们了解北京的历史文化，不能不说是一个遗憾。

A 通过胡同可以了解北京

B 胡同是城市的主要街道

C 北京的胡同已消失了一半

D 胡同里有很多美丽的风景

65. 夏天温度升高，天气很热，所以要特别注意食物的味道，要尽量引起人的食欲，使身体得到足够的营养。一般来说，要少吃肉，多吃一些凉菜、豆腐、绿豆等食物。另外，可以适当地吃一些酸的食物来增加食欲。

A 夏天需要更多的营养

B 夏天应该吃些酸东西

C 夏天人们不应该吃肉

D 人在夏天食欲会更好

66. 服装是人的第二层皮肤，一件合适的衣服会让人立刻精神很多。服装在交际中起着重要的作用，通过服装，不但可以表现自己，还可以了解别人、影响别人。中国有一句话叫"人靠衣装"，意思就是服装对人来说是很重要的。

A 服装只要穿着舒适就行

B 贵的衣服质量一定很好

C 服装的颜色会影响心情

D 可以通过服装了解别人

67. 据报道，随着小麦、玉米、大豆等原材料价格的上涨，食用油、面粉等相关产品也纷纷涨价，导致新一轮的物价上涨。但多数市民表示，由于收入也在不断提高，所以物价稍微上涨不会影响生活质量。

A 一些原材料的价格提高了

B 物价上涨不利于经济发展

C 收入增加导致了物价上涨

D 市民对物价上涨表示不满

68. 古典音乐一般篇幅比较长，表达完整复杂的内容。舒伯特的《未完成交响曲》虽然形式上不完整，但是其内容完美无缺。另外，古典音乐很讲究逻辑性，在最伟大的古典音乐中，每个音符就像宇宙中的星球，合理存在、互相联系、互相影响。

A 古典音乐家都非常伟大
B 古典音乐逻辑性比较强
C 古典音乐常常互相影响
D 古典音乐的内容不完整

69. 人的一生有三分之一的时间在睡眠中度过，枕头可以说是与人类相伴时间最长的一个伙伴。但是这个伙伴一旦使用不当，就会影响我们的健康。选用符合人体力学设计的枕头能够保证高质量的睡眠。一般来说，枕头高 10 到 15 厘米较为合适。

A 枕头不合适会影响健康
B 枕头一般来说越高越好
C 只有吃得好才能够睡得好
D 用好枕头会延长人的寿命

70. 兄弟俩在同一个班学习，哥哥很努力，成绩也很好。可弟弟学习不认真，作业总是抄哥哥的。有一次，老师让写一篇作文，题目是《我的妈妈》。第二天，老师问弟弟："为什么你写的作文跟你哥哥的一样啊？"弟弟回答说："我们的妈妈是一个人，当然作文也一样了。"

A 哥哥和弟弟是同班同学
B 老师们都不太喜欢弟弟
C 哥哥的作文写得特别好
D 弟弟的作文是自己写的

第三部分

第71—90题：请选出正确答案。

71—73.

从前有个女孩儿，她十岁时得了一种病，失去了走路的能力。一次，女孩儿一家人一起乘船去旅行。船长太太说船长有一只天堂鸟，特别漂亮，女孩儿很想亲自去看一看，她要求服务员立即带她去看天堂鸟。那个服务员并不知道女孩儿的腿不能走路，没有去扶她，而只顾在前面带路。奇迹发生了，女孩儿因为太渴望见到天堂鸟，竟然忘记了自己的残疾，慢慢地走了起来。从此，女孩儿的病全好了。女孩儿长大以后，开始了文学创作，写出了很多作品，最后成了第一位获得诺贝尔文学奖的女性。

我们内心给自己设下的限制，往往比实际情况大得多，充分相信自己，大胆向"不可能"挑战，总能创造奇迹！

71. 服务员为什么没有去扶女孩儿？
A 不知道女孩儿残疾　　　　B 想让女孩儿练习走路
C 不想带女孩儿去看鸟　　　D 女孩儿不让他来扶

72. 这个女孩儿长大后成了：
A 服务员　　　　　　　　　B 作家
C 运动员　　　　　　　　　D 船长

73. 根据本文，我们应该：
A 谦虚　　　　　　　　　　B 专心
C 勤奋　　　　　　　　　　D 自信

74—77.

一个年轻人非常羡慕一位企业家取得的成就，于是他跑到企业家那里询问他为什么能成功。企业家转身出去拿来了一只大西瓜，并把西瓜切成了大小不等的三块。"如果每块儿西瓜代表一定程度的利益，你会如何选择呢？"企业家一边说，一边把西瓜放在年轻人面前。"当然是最大的那块！"年轻人毫不犹豫地回答，

企业家把最大的那块西瓜递给年轻人，自己却吃起了最小的一块。年轻人还在吃最大的那一块的时候，企业家已经吃完了最小的那一块，接着，企业家拿起剩下的一块，大口吃了起来。

其实，那块最小的和最后一块加起来要比最大的那一块大得多。年轻人马上就明白了企业家的意思：他吃的瓜虽然没自己的大，却比自己吃得多。如果每块西瓜代表一定程度的利益，那么企业家赢得的利益自然比自己多。只有放弃眼前利益，才能获得长远大利。

74. 年轻人想从企业家那儿知道：
　　A 成功的经验　　　　　　　　B 企业的规模
　　C 股票的价值　　　　　　　　D 西瓜的切法

75. 年轻人是怎么吃西瓜的？
　　A 先吃最小的一块　　　　　　B 挑选最大的一块
　　C 三块儿都拿在手里　　　　　D 全部让给企业家

76. 企业家拿来西瓜，是为了：
　　A 招待公司员工　　　　　　　B 做个物理实验
　　C 让年轻人解渴　　　　　　　D 说明一个道理

77. 本文告诉我们：
　　A 要不断努力　　　　　　　　B 要虚心学习
　　C 要赢得利益　　　　　　　　D 要学会放弃

78—82.

　　甲、乙、丙、丁四人同时应聘一家著名的公司。公司把他们安排在会议室分三天进行考试。第一次考试，甲便以 99 分的好成绩排在第一，乙、丙、丁的成绩分别是第二、第三和第四。第二次考试的时候，试卷一发下来，大家都很惊讶，因为这次的试题和第一次的完全一样。但是工作人员再三强调，试卷没有发错。甲、乙、丙三人把原来的答案重新写了一遍，还不到考试规定时间

的一半，试卷便全都填满了。但丁却没有写原来的答案，边写边想，最后才交了试卷。第二次考试考分一出来，成绩的顺序没有变，丁还是排在最后。第三天准时进行第三次考试。"这次该不会拿同样的题目考我们吧？"考试前，大家都议论纷纷。果然，第三次的试卷和前两次完全一样。这次考试更省事儿，甲、乙、丙三人根本不看考题，"刷刷刷"就答完了，不到半个钟头，就都交卷了，只有丁一会儿修改，一会儿补充，直到最后才把答卷交了上去。

　　后来，总成绩排在最后的丁被录取了，公司总裁认为，考分很重要，但不是录取员工的唯一标准。虽然丁的成绩每次都在最后，但他对相同的问题，有不同的思考，做出了不同的回答，善于思考，善于发现缺漏的人才能有进步，职员有进步，公司才能有发展。

78. 第一次考试，成绩最高的是：

　　A 甲　　　　　　　　　　　　**B** 乙

　　C 丙　　　　　　　　　　　　**D** 丁

79. 第二次考试试卷发下来，大家为什么惊讶？

　　A 考题数量太多了　　　　　　**B** 考题跟上次一样

　　C 考题内容很简单　　　　　　**D** 考题上面有答案

80. 丁每次都是最晚交卷，是因为：

　　A 写字速度太慢　　　　　　　**B** 想偷看别人的

　　C 有不同的回答　　　　　　　**D** 没有别人聪明

81. 丁被录取是因为：

A 他善于思考　　　　　　　B 他成绩最高

C 他能力最强　　　　　　　D 他遵守规则

82. 这个公司更重视职员：

A 有无口才　　　　　　　　B 是否谦虚

C 能否进步　　　　　　　　D 有无特点

83—86.

"世纪佳缘"是中国规模最大、征友效果较好的婚恋交友网站之一。对于传统的中国人来说，上网找结婚对象并不是件特别容易接受的事情，但"世纪佳缘"网站的创始人龚海燕却用她特殊的方式，在网络上促成了一段又一段的婚姻。

2003 年 10 月，复旦大学新闻学院新闻专业研究生龚海燕看到身边很多同学、朋友由于工作学习太忙而无法找到理想爱人，就创办了"世纪佳缘"。龚海燕创办"世纪佳缘"的目的是为他人牵线，没想到，最先钓到"鱼"的却是她自己。龚海燕的先生郭建增最初是"世纪佳缘"的会员，两人相识一个多月后，便办理了结婚手续。自己找到了幸福，龚海燕也希望更多的人能找到共同度过一生的人。

"世纪佳缘"有个特点，注册的会员需要提交个人证件，包括毕业证、身份证等等。龚海燕希望"世纪佳缘"真实、严肃、有品位，所以要求会员都是大学本科毕业生，必须以真诚交友为目的，不然就会被取消会员资格。

到 2012 年 10 月为止，"世纪佳缘"拥有注册会员 6800 万，创始人龚海燕也被网民称为"网络红娘第一人"。

83. 龚海燕创办"世纪佳缘"是为了：

A 找到理想的爱人　　　　　B 扩大网络的影响

C 挑战传统的观念　　　　　D 替别人促成婚姻

84. 第2段中画线词语"牵线"在文中是什么意思？
    A 寻找合作伙伴　　　　　　　**B** 介绍结婚对象
    C 教授钓鱼方法　　　　　　　**D** 辅导孩子学习

85. 根据本文，龚海燕：
    A 结婚刚刚一个月　　　　　　**B** 研究生没有毕业
    C 学习过新闻专业　　　　　　**D** 电脑水平非常高

86. 关于"世纪佳缘"，正确的是：
    A 会员必须提交身份证　　　　**B** 会员已经达到680万人
    C 是个非常赚钱的网站　　　　**D** 对会员没什么条件限制

87—90.

大多数人在做一件事情不成功或者被批评的时候，总是会找种种借口告诉别人，自己的运气太坏。因为他们害怕承担错误，害怕被别人笑，或者只是想

得到暂时的轻松和自我解脱。上班迟到了，会说"路上堵车"；考试不及格，会说"题太难了"。工作没做好，有借口；做生意赔了钱，有借口。只要细心去找，借口总是会有的。借口就是一个掩盖错误、推掉责任的"万能机器"。找到借口的好处是，能让自己得到心理上的安慰和平衡。但长期这样继续

下去，人就会不再努力，不再去想方设法争取成功。

当我们面对失败时，要勇于承担。失败并不可怕，可怕的是不知道失败的原因。听听别人的建议，多从自身反思、总结一下，胜于花费时间找借口。借口把绝大多数的人挡在了成功的大门之外，所以在追求成功的过程中，最重要的一个步骤就是不要为自己找借口。

87. 失败以后，大多数人会：
    A 大哭一场　　　　　　　　　**B** 非常自责
    C 寻找借口　　　　　　　　　**D** 灰心失望

88. 找借口会让人：

    A 原谅自己的错误   **B** 得到心理的安慰

    C 得到别人的同情   **D** 更加没有自信心

89. 作者认为，失败时应该：

    A 分析原因   **B** 放松头脑

    C 寻找机会   **D** 请求帮助

90. 本文的主要内容是：

    A 怎样寻找合适的借口   **B** 不要为失败寻找借口

    C 如何才能够获得成功   **D** 人为什么要追求成功

三、书 写

第 一 部 分

第 91—98 题：完成句子。

例如：发表　　这篇论文　　什么时候　　是　　的

　　这篇论文是什么时候发表的？

91. 任务　　这项　　艰巨　　很

92. 使　　发展　　工业革命　　迅速　　经济

93. 锻炼　　可以　　力量　　划船　　胳膊的

94. 摔　　玩具枪　　被　　坏　　他　　了

95. 解释　　逻辑　　这个　　不符合

96. 已经　　30 份试卷　　好　　修改　　全部　　了

97. 访问团　　总理　　热情地　　接待了　　外交

98. 墙上的　　别　　千万　　把　　广告　　撕掉

第 二 部 分

第 99—100 题：写短文。

99. 请结合下列词语（要全部使用），写一篇 80 字左右的短文。

恋爱　　家庭　　婚姻　　珍惜　　沟通

100. 请结合这张图片写一篇 80 字左右的短文。

북경대에서 온

국내 최다

新HSK

5급공략
실전 모의고사

정답 및 듣기 대본

中华人民共和国万岁   世界人民大团结万岁

HSK（五级）全真模拟试题（第1套）答案

一、听 力

第 一 部 分

1．C	2．A	3．B	4．B	5．
6．A	7．C	8．C	9．D	10．
11．C	12．D	13．B	14．B	15．
16．C	17．D	18．C	19．D	20．

第 二 部 分

21．D	22．B	23．C	24．B	25．
26．B	27．C	28．D	29．A	30．
31．B	32．D	33．A	34．D	35．
36．C	37．D	38．C	39．D	40．
41．A	42．A	43．C	44．D	45．

二、阅 读

第 一 部 分

46．B	47．D	48．B	49．B	50．
51．D	52．C	53．A	54．D	55．
56．A	57．C	58．A	59．B	60．

第 二 部 分

61．A	62．D	63．B	64．B	65．
66．C	67．D	68．A	69．D	70．

第 三 部 分

71．C	72．C	73．B	74．B	75．
76．A	77．D	78．A	79．B	80．

81．C   82．C   83．D   84．B   85．C
86．D   87．C   88．C   89．A   90．D

三、书　写

第　一　部　分

91．她差不多八岁了。

92．游泳能够很好地锻炼心脏。

93．那个演员非常幸运。

94．我收到了一个包裹。

95．你把护照拿出来。

96．巧克力蛋糕卖得很快。

97．他对书法产生了很大兴趣。

98．那座老房子的一半已经被拆了。

第　二　部　分

（略）

HSK（五级）全真模拟试题（第2套）答案

一、听　力

第 一 部 分

1．B	2．D	3．D	4．C	5．
6．A	7．B	8．D	9．A	10．
11．C	12．A	13．D	14．C	15．
16．C	17．B	18．D	19．C	20．

第 二 部 分

21．C	22．B	23．D	24．C	25．
26．C	27．B	28．D	29．D	30．
31．B	32．B	33．D	34．A	35．
36．D	37．C	38．B	39．A	40．
41．C	42．B	43．B	44．D	45．

二、阅　读

第 一 部 分

46．A	47．D	48．B	49．B	50．
51．A	52．D	53．D	54．B	55．
56．C	57．A	58．D	59．C	60．

第 二 部 分

61．D	62．A	63．B	64．A	65．
66．C	67．B	68．D	69．B	70．

第 三 部 分

71．B	72．C	73．D	74．D	75．
76．C	77．A	78．C	79．D	80．

81．A 　　　82．B 　　　83．C 　　　84．C 　　　85．B

86．D 　　　87．D 　　　88．A 　　　89．B 　　　90．C

三、书　写

第 一 部 分

91．我们来不及吃饭了。

92．请直接到柜台办理。

93．那里生活比较艰苦。

94．大家为胜利感到开心。

95．东西放不下了。/放不下东西了。

96．你妹妹表现得非常活跃。

97．老师建议学生每天练习汉字。

98．别把驾驶执照到处乱放。

第 二 部 分

（略）

HSK（五级）全真模拟试题（第3套）答案

一、听　力

第 一 部 分

1．B	2．A	3．B	4．C	5．
6．D	7．C	8．D	9．B	10．
11．B	12．A	13．D	14．B	15．
16．A	17．A	18．B	19．C	20．

第 二 部 分

21．A	22．B	23．C	24．D	25．
26．C	27．B	28．A	29．C	30．
31．B	32．A	33．D	34．A	35．
36．C	37．A	38．D	39．B	40．
41．B	42．D	43．B	44．A	45．

二、阅　读

第 一 部 分

46．D	47．B	48．D	49．C	50．
51．B	52．B	53．B	54．D	55．
56．C	57．D	58．B	59．B	60．

第 二 部 分

61．A	62．D	63．C	64．A	65．
66．D	67．B	68．C	69．A	70．

第 三 部 分

71．D	72．B	73．C	74．A	75．
76．B	77．D	78．D	79．B	80．
81．A	82．A	83．C	84．B	85．

86．D   87．D   88．A   89．C   90．B

三、书　写

第　一　部　分

91. 他不见得没兴趣。

92. 千万注意他的安全。

93. 我弟弟特别单纯。

94. 父亲给他起了名字。

95. 今天回得来吗？

96. 我们几个都听糊涂了。

97. 你们必须努力改善目前的状况。

98. 理想不是一天可以实现的。

第　二　部　分

（略）

HSK（五级）全真模拟试题（第4套）答案

一、听 力

第 一 部 分

1．A	2．D	3．C	4．C	5．
6．D	7．B	8．B	9．C	10．
11．B	12．A	13．C	14．D	15．
16．B	17．A	18．D	19．D	20．

第 二 部 分

21．C	22．B	23．A	24．D	25．
26．C	27．B	28．A	29．A	30．
31．B	32．A	33．A	34．D	35．
36．C	37．B	38．C	39．A	40．
41．D	42．C	43．C	44．B	45．

二、阅 读

第 一 部 分

46．B	47．D	48．C	49．D	50．
51．A	52．C	53．B	54．C	55．
56．D	57．D	58．A	59．C	60．

第 二 部 分

61．D	62．A	63．D	64．C	65．
66．C	67．C	68．D	69．C	70．

第 三 部 分

71．B	72．B	73．C	74．A	75．
76．B	77．C	78．D	79．B	80．

81．C	82．D	83．C	84．C	85．D
86．C	87．D	88．B	89．A	90．C

三、书 写

第 一 部 分

91．她可能赶不上早班车。/早班车她可能赶不上。

92．明天的比赛照常进行。

93．那孩子特别调皮。

94．报道为我们做了宣传。

95．眼睛睁得开吗？/睁得开眼睛吗？

96．他们几个都被吓傻了。

97．双方的关系总理协调得很好。

98．别一遇到危险就慌张。

第 二 部 分

（略）

HSK（五级）全真模拟试题（第 5 套）答案

一、听　力

第 一 部 分

1. A	2. C	3. A	4. D	5.
6. B	7. C	8. B	9. C	10.
11. B	12. A	13. C	14. B	15.
16. D	17. A	18. C	19. B	20.

第 二 部 分

21. A	22. C	23. B	24. B	25.
26. C	27. C	28. A	29. C	30.
31. A	32. C	33. B	34. C	35.
36. D	37. C	38. B	39. A	40.
41. B	42. D	43. C	44. D	45.

二、阅　读

第 一 部 分

46. C	47. B	48. A	49. B	50.
51. D	52. D	53. D	54. A	55.
56. B	57. C	58. A	59. D	60.

第 二 部 分

61. C	62. B	63. C	64. D	65.
66. C	67. D	68. D	69. C	70.

第 三 部 分

71. B	72. D	73. A	74. C	75.
76. C	77. A	78. B	79. D	80.

81．C   82．C   83．A   84．C   85．B
86．D   87．A   88．C   89．A   90．B

三、书　写

第 一 部 分

91．这部电影极其经典。

92．摄影使他乐观起来。

93．请大声地念一遍。

94．轻视造成失败的后果。

95．我吃得很清淡。

96．他忍不住嚷了起来。

97．她自愿把财产捐出来。

98．热烈的气氛让人激动。

第 二 部 分

（略）

HSK（五级）全真模拟试题（第6套）答案

一、听　力

第 一 部 分

1．A	2．B	3．B	4．C	5．
6．C	7．A	8．B	9．C	10．
11．A	12．B	13．C	14．C	15．
16．B	17．D	18．B	19．C	20．

第 二 部 分

21．C	22．B	23．C	24．D	25．
26．C	27．C	28．B	29．B	30．
31．A	32．B	33．B	34．D	35．
36．A	37．B	38．C	39．B	40．
41．B	42．C	43．C	44．D	45．

二、阅　读

第 一 部 分

46．B	47．C	48．A	49．D	50．
51．C	52．B	53．A	54．C	55．
56．A	57．B	58．C	59．A	60．

第 二 部 分

61．D	62．B	63．A	64．A	65．
66．D	67．C	68．B	69．B	70．

第 三 部 分

71．B	72．A	73．D	74．B	75．

76. B	77. C	78. A	79. B	80. C
81. A	82. A	83. A	84. B	85. C
86. D	87. C	88. B	89. A	90. D

三、书　写

第　一　部　分

91. 文章已经被删除了。

92. 照片可以摆在书架上。

93. 这个人简直单纯得不得了。

94. 你别让对方承受压力。

95. 他肯定不会坚持下去。

96. 诗人都很爱幻想。

97. 我们怀念大学的生活。

98. 总统亲自召开了会议。

第　二　部　分

（略）

HSK（五级）全真模拟试题（第7套）答案

一、听　力

第 一 部 分

1．C	2．A	3．B	4．D	5．
6．B	7．B	8．B	9．A	10．
11．B	12．B	13．C	14．C	15．
16．A	17．D	18．B	19．D	20．

第 二 部 分

21．C	22．D	23．A	24．A	25．
26．B	27．D	28．B	29．D	30．
31．C	32．B	33．C	34．C	35．
36．D	37．C	38．C	39．A	40．
41．C	42．D	43．A	44．B	45．

二、阅　读

第 一 部 分

46．B	47．C	48．A	49．D	50．
51．C	52．A	53．A	54．C	55．
56．D	57．C	58．B	59．A	60．

第 二 部 分

61．A	62．C	63．A	64．D	65．
66．D	67．D	68．A	69．C	70．

第 三 部 分

71．B	72．C	73．B	74．B	75．

76．A	77．C	78．A	79．B	80．C
81．D	82．B	83．B	84．C	85．A
86．C	87．A	88．C	89．B	90．D

三、书　写

第 一 部 分

91．何必讽刺他呢？

92．鸽子纷纷飞到广场上。

93．他站起来打开大门。

94．闪电吓哭了孩子。

95．电灯的发明很伟大。

96．这个行业发展得非常繁荣。

97．兔子尾巴被蛇咬了一口。

98．肥皂可以杀死病毒。

第 二 部 分

（略）

HSK（五级）全真模拟试题（第8套）答案

一、听　力

第 一 部 分

1. C	2. C	3. B	4. D	5.
6. C	7. A	8. C	9. D	10.
11. A	12. B	13. C	14. B	15.
16. D	17. B	18. D	19. B	20.

第 二 部 分

21. C	22. D	23. A	24. C	25.
26. C	27. C	28. B	29. D	30.
31. A	32. C	33. D	34. C	35.
36. A	37. C	38. C	39. B	40.
41. B	42. D	43. C	44. A	45.

二、阅　读

第 一 部 分

46. B	47. C	48. D	49. D	50.
51. C	52. B	53. A	54. C	55.
56. C	57. B	58. C	59. A	60.

第 二 部 分

61. D	62. C	63. A	64. A	65.
66. D	67. A	68. B	69. A	70.

第 三 部 分

71. A	72. B	73. D	74. A	75.

76．D	77．D	78．A	79．B	80．C
81．A	82．C	83．D	84．B	85．C
86．A	87．C	88．B	89．A	90．B

三、书　写

第　一　部　分

91．这项任务很艰巨。

92．工业革命使经济迅速发展。

93．划船可以锻炼胳膊的力量。

94．玩具枪被他摔坏了。

95．这个解释不符合逻辑。

96．30 份试卷已经全部修改好了。

97．总理热情地接待了外交访问团。

98．千万别把墙上的广告撕掉。

第　二　部　分

（略）

HSK（五级）全真模拟试题（第1套）听力材料

（音乐，30秒，渐弱）

大家好！欢迎参加 HSK（五级）考试。

大家好！欢迎参加 HSK（五级）考试。
大家好！欢迎参加 HSK（五级）考试。

HSK（五级）听力考试分两部分，共 45 题。
请大家注意，听力考试现在开始。

第 一 部 分

第 1 到 20 题，请选出正确答案。现在开始第 1 题：

1. 女：下个月的国际环境会议一共要举行五天，对吧？
   男：听说缩短到四天了。
   问：男的是什么意思？

2. 男：不好意思啊，我刚才不小心把那瓶醋给洒地上了。
   女：你别擦了，越弄越糟糕！
   问：女的是什么语气？

3. 女：你一直想去外国的大学当交换学生，这次怎么样？
   男：要是我这次考试不能及格，恐怕就没多大希望了。
   问：下面哪一项是正确的？

4. 男：那座建筑七月底能完工吗？
   女：其实不用等到月底，七月中旬肯定能盖好。
   问：那座建筑什么时候能盖好？

5. 女：已经半夜了，你怎么还不睡啊？
   男：今天下午喝了不少浓茶，现在有点儿失眠。
   问：关于男的，下列哪项正确？

6. 男：别急，一口吃不成个胖子！
   女：我怎么能不急呢？离汉语比赛只有两天了。
   问：女的要做什么？

7. 女：你对这套服装的设计风格满意吗？
   男：我对服装样式比较满意，但颜色上最好能做一些调整。
   问：男的主要是什么意思？

8. 男：祝贺你！欢迎你来我们公司工作！
   女：虽然计算机是我的专业，但我还缺乏经验，在工作中我会虚心学
   习的。
   问：关于女的，可以知道什么？

9. 女：大雪对交通有影响吧？你打算怎么回家乡呢？
   男：高速公路关闭了，所以我想去火车站看看有没有人退票。
   问：关于男的，可以知道什么？

10. 男：展览前的准备工作老板就让你一个人干吗？
    女：小张已经把会场装饰好了，剩下的一些工作由我来做。
    问：准备工作是由谁来做的？

11. 女：我到的时候才五点，怎么邮局都下班了呢？
    男：当然下班了。你是不是忙忘了？今天可是除夕啊。
    问：根据对话，可以知道什么？

12. 男：明天我就退休了，感谢各位亲戚为我举办这个宴会。
    女：虽然你舍不得离开学校，但以后你和家人就有更多的时间相处了。
    问：他们是什么关系？

13. 女：到 6 月 28 号你们公司就成立十年了，祝贺啊！
　　男：前一天还是我女儿的生日，我准备开个晚会一起庆祝一下。
　　问：他女儿的生日是哪天？

14. 男：行李箱放在桌子下面了，吃的在这儿。
　　女：我知道了，放心吧。您快点儿下去吧，火车马上就要开了。
　　问：他们最可能在哪儿？

15. 女：已经晚秋了，怎么天气倒暖和起来了？
　　男：暖和不了几天了，天气预报说下个星期冷空气就要来了。
　　问：根据对话，可以知道什么？

16. 男：儿子进去半天了，怎么还不出来？
　　女：你不必担心，测验至少需要一个小时，我估计快出来了。
　　问：他们在做什么？

17. 女：你千万别告诉她啊，礼物我们已经买好了，这是秘密。
　　男：哈哈，我已经忍不住告诉她了。
　　问：男的是什么意思？

18. 男：什么？刚刚制作好的广告又要修改？这些人到底在想些什么呀？
　　女：刚才也通知我了，我也觉得很无奈。
　　问：根据对话，可以知道什么？

19. 女：请问我们明天有什么安排？
　　男：上午游览长城，下午参观历史博物馆，六点左右送你们回酒店，晚上
　　　　可以自由活动。
　　问：男的最可能是什么人？

20. 男：看，大太阳都出来了，你怎么还能睡得着呢？
　　女：如果把所有的窗帘都拉上，不就感觉跟晚上一样了吗？
　　问：现在最可能是什么时候？

第 二 部 分

第 21 到 45 题，请选出正确答案。现在开始第 21 题：

21. 女：您好！请问您要办什么卡？
    男：游泳卡。现在有什么优惠吗？
    女：如果您办一年的游泳卡，我们可以送您一个月的免费卡。
    男：行，那我就办一张一年的。
    女：一共一千二百块，证件请给我登记一下。
    问：根据对话，下列哪项正确？

22. 男：行李箱都收拾好了吗？护照和机票别忘了。
    女：广播说今天的交通情况怎么样？
    男：我没注意听，要不你坐地铁去吧，地铁快一点儿。
    女：东西太多了，还是坐出租车方便，星期天通常不堵车。
    问：关于女的，下列哪项正确？

23. 女：菜做好了，洗洗手就过来吃吧。
    男：这些菜都是你自己做的吗？看起来挺不错的。
    女：是啊，这些菜都是新品种，饭店里吃不到的，而且都很有营养。
    男：口味真棒！吃好吃的食物真是一种享受啊，谢谢你。
    问：关于女的，可以知道什么？

24. 男：你看我最近的照片，真是老了。
    女：你一点儿也不老，其实如果穿得时髦点儿，会显得年轻的。
    男：可是我们那个时代的人，都不讲究吃穿。
    女：人是应该节约，可是时代改变了，你也要转变思想啊。
    问：女的建议男的做什么？

25. 女：你的小说写得不错啊，毕业以后还会写吗？

男：暂时不会，有个出版公司让我去当编辑，我在大学里学的是文学专业，所以挺合适的。

女：但是我希望将来你能继续写小说。

男：我也这么希望。

问：男的有什么愿望？

26. 男：网站的基础建设都完成了吗？还有什么需要解决的？

女：网站的硬件没什么大问题，记者和编辑也都招聘好了。我现在担心的是以后的维护问题。

男：如果人不够用的话，可以增加一名专门进行网站维护的技术人员。

女：太好了，谢谢！

问：女的需要哪方面的人员？

27. 女：你那么年轻，为什么会喜欢传统艺术呢？

男：因为家里人都爱好听京剧、唱京剧，所以我从小就受到了影响。

女：那你是怎么想到要在中学里开京剧表演课的呢？

男：现在的年轻人对京剧不太感兴趣，我想向他们介绍和宣传京剧。

问：关于男的，下列哪项正确？

28. 男：一般人夏天出去旅行，都会选海边或者北方。

女：我也考虑过气候的因素，但是我一直想回南方看看。

男：为什么？你的家乡在南方吗？

女：不是，但是我在广州读了四年大学，对那里很有感情。

问：女的想去哪里？

29. 女：在这里学习期间，你们给了我很大的帮助，谢谢你们！

男：客气什么呀？多少年的老朋友了。

女：你什么时候带太太一起来北京，让我好好招待你们。

男：以后一定有机会。广播通知登机了，赶快过去吧，拿好登机牌！

问：他们正在做什么？

30. 男：好，就站在那儿，笑一个。咦，怎么突然拍不了了？
　　女：刚才用的时候还好好的，不会突然坏了吧？
　　男：哦，应该是没电了，你带备用电池了吗？
　　女：没有，但是包里有充电器，要不找个地方充一下电吧。
　　问：根据对话，可以知道什么？

第31到32题是根据下面一段对话：

　　男：女儿怎么不太高兴啊？
　　女：明天下午幼儿园的表演她希望我们都去看。
　　男：怎么？你去不了了？
　　女：本来没问题，但电台临时通知我开一个会。
　　男：必须参加吗？明天咱们女儿有表演啊。
　　女：我也很想去，但是明天的会议要讨论我的节目，所以我必须得出席。
　　男：那就没办法了。你别担心，我去安慰安慰她。
　　女：好的，这事儿就交给你了。

31. 关于女的，可以知道什么？
32. 男的和女的是什么关系？

第33到34题是根据下面一段对话：

　　女：谢谢您让我负责这一期的杂志。
　　男：根据我的观察，你是有这个能力的。
　　女：我会努力做好的。首先我们会做一个市场调查报告。
　　男：对，要好好研究年轻人的流行时尚和消费特点。
　　女：放心吧，关于这一点，我们也会跟其他地区的编辑合作的。
　　男：好的，我对你们有信心。
　　女：再次感谢您！

33. 女的最可能是做什么工作的？
34. 男的让女的做什么？

第 35 到 36 题是根据下面一段话：

一个孩子问哲学家什么是幸福，哲学家把孩子带到一个池子旁边，孩子看到池子边坐着很多人，人们从池子里取水喝，不但自己喝，还给身边的人喝。孩子问："难道这么平常的事就是幸福吗？"哲学家说："这里的人互相信任、互相帮助，这就是幸福啊！"

35．哲学家带孩子去做什么？
36．哲学家觉得什么是幸福？

第 37 到 38 题是根据下面一段话：

各位教练和运动员，你们好！第十届中学生运动会的开幕式马上就要开始了，请大家按照工作人员安排的位置就坐，做好各项准备工作。在开幕式表演期间，请保持安静，关上手机，不要使用照相机和其他电子设备。表演结束后，请按照顺序离开体育场。谢谢大家的合作。

37．这段话可能是在什么地方说的？
38．根据这段话，可以知道什么？

第 39 到 42 题是根据下面一段话：

有一位老人非常喜欢龙，他的家里有很多画着龙的东西：墙上挂的画上有龙，家具上有龙，洗脸盆上有龙，连吃饭的盘子和碗上都有龙。大家问他为什么这么喜欢龙，他解释说："龙是中国的象征，它充满了神秘的力量，非常厉害。它的样子也很独特，我觉得漂亮极了，所以我很喜欢龙。"

这个消息被龙听到了，龙非常高兴。于是有一天，它就来到了老人的家里，很有礼貌地对老人说："您好！很高兴见到你。"可没想到的是，老人害怕极了。他一边逃一边喊："真的龙太可怕了！"

龙非常吃惊，他不明白，老人不是很喜欢它吗？

39．老人家里有很多什么东西？
40．龙听说了老人的事情以后，决定做什么？
41．老人看见龙以后，有什么反应？
42．关于老人，下列哪一项是对的？

第 43 到 45 题是根据下面一段话：

感冒是生活中的一种常见病、多发病，尤其是在季节变化的时候，感冒总是非常流行。那么，有什么简单的办法可以预防感冒呢？生活中我们应该注意什么呢？下面给大家介绍一下：首先，在寒冷的天气里，要穿得厚一些；在天气热的时候，要穿得薄一些。也就是根据气候冷热变化随时增减衣服，避免出现太冷或太热的情况。其次，生活要有规律，注意休息，不要过分疲劳。第三，不要给自己太大的压力，尽量保持愉快的心情。最后一点是建议每天早晚用冷水洗脸，洗脸的时候也别忘记顺便洗一洗鼻孔。如果去了污染比较严重的地方，可以用鼻子轻轻吸进一点儿加了盐的凉水，重复两到三次，这样就可以消灭鼻腔中的病毒，预防感冒。

43. 这段话介绍了几种预防感冒的办法？
44. 气候变化的时候，要特别注意什么？
45. 去污染比较严重的地方以后应该怎么做？

听力考试现在结束。

HSK（五级）全真模拟试题（第 2 套）听力材料

（音乐，30 秒，渐弱）

大家好！欢迎参加 HSK（五级）考试。
大家好！欢迎参加 HSK（五级）考试。
大家好！欢迎参加 HSK（五级）考试。

HSK（五级）听力考试分两部分，共 45 题。
请大家注意，听力考试现在开始。

第 一 部 分

第 1 到 20 题，请选出正确答案。现在开始第 1 题：

1. 女：听说最近市中心的房价又涨了？
   男：是啊，五年内几乎涨了一倍。
   问：男的是什么意思？

2. 男：哎呀，护照忘在宿舍里了。
   女：我不是已经提醒过你很多遍了嘛！
   问：女的是什么语气？

3. 女：这瓶牛奶已经过期了，不能喝了。
   男：牛奶即使过期了也不要扔掉，可以用来浇花。
   问：下面哪一项是正确的？

4. 男：怎么刚过完夏天，冬天就来了？
   女：最近风大雨大，所以温度比较低，过几天温度就正常了。
   问：现在最可能是什么季节？

5. 女：傍晚的空气不太新鲜，你为什么不在早上散步啊？
   男：早上？我哪儿起得来呀！
   问：关于男的，下列哪项正确？

6. 男：小方刚学了两天游泳，现在怎么又跑去学跳舞了？
   女：她这个人啊，做事只有"三分钟的热情"。
   问：女的是什么意思？

7. 女：你们迷路了，被困在山里三天三夜，后来是怎么得救的？
   男：多亏一个农民经过，发现了我们。
   问：男的主要是什么意思？

8. 男：你借给我的钱我可能暂时还不了，真不好意思！
   女：别担心，我们认识那么多年了，对我来说友谊才是最宝贵的东西。
   问：关于女的，可以知道什么？

9. 女：您很久以前就获得律师执照了吧？
   男：大学一毕业我就参加了律师资格考试，通过之后就拿到了。
   问：关于男的，可以知道什么？

10. 男：卖房合同我一个人签字就行了吗？
    女：不，明天签合同的时候你们夫妻双方都要签字。
    问：合同必须由谁签字？

11. 女：最近你看起来怎么那么累啊？公司特别忙吗？
    男：你不知道现在有世界杯足球赛吗？我可是超级球迷啊。
    问：根据对话，可以知道什么？

12. 男：咦，小妹，你怎么到我们公司来了？
    女：我正好在附近谈事儿，顺便过来看看你，还带了点儿东西请你交给
    嫂子。
    问：他们最可能是什么关系？

13. 女：听说博物馆有新的展览，你周末有空的话我们去参观一下吧！
    男：周六的时间比较紧张，周日绝对没问题。
    问：他们可能哪天去博物馆？

14. 男：我们坐在第七排，应该能看清楚字幕吧？
    女：肯定可以，对了，我们得把手机设成振动。
    问：他们最可能在哪儿？

15. 女：让我参加学生会主席的选举？不行不行，我肯定选不上。
    男：你不见得连试试都不敢吧？
    问：男的是什么意思？

16. 男：看，北极的风景太美了，真想去那儿住上一阵子！
    女：可是电视里也介绍说那儿环境恶劣，平均温度只有零下10度。
    问：他们可能在做什么？

17. 女：自从八岁的时候离开这里，五十年中您再也没有回来过吗？
    男：是啊，这里变化太大了，让我觉得有点儿陌生。
    问：根据对话，可以知道什么？

18. 男：哦，牌子上说在加油站不能使用手机，真的吗？
    女：这还用说吗？这是常识啊。
    问：女的是什么意思？

19. 女：您看那个孩子将来能成为优秀的篮球运动员吗？
    男：个子很高，也很灵活，让他先来我们队试一段时间吧。
    问：男的最可能是做什么的？

20. 男：从今天开始就是新的一年了，你有什么愿望？说说吧！
    女：我的愿望很简单，就是身体健康、家庭幸福！
    问：现在最可能是什么时候？

第 二 部 分

第 21 到 45 题，请选出正确答案。现在开始第 21 题：

21. 女：这些都是我的宝贝，你可别把它们给扔了。
    男：你怎么还留着小时候的旧玩具啊？
    女：虽然有点儿旧，我却一直很爱惜他们，它们都是我的美好记忆。
    男：知道了，那我们好好保存吧。
    女：谢谢你啦！
    问：根据对话，下列哪项正确？

22. 男：我付了钱以后就可以把车开走吗？
    女：可以，保险也帮您办好了。
    男：牌照的问题怎么解决？
    女：放心吧，我们为您办了临时牌照，十五天内有效。
    问：根据对话，下列哪项正确？

23. 女：下周末咱们骑自行车去郊区吧？
    男：好不容易休息两天，出去多累啊，还不如在家睡觉呢。
    女：老呆在家里干吗？去田野里散散步，看看自然风景，多有趣啊！
    男：是好久没出去了，那我就陪你去吧。
    问：关于女的，可以知道什么？

24. 男：这一年我语法学得还可以，就是发音不好，特别是声调。
    女：有的声调听起来比较接近，所以不容易说得标准。
    男：我也常常听录音、听广播、看电视，不过进步不大。
    女：你也可以和中国朋友多交流，发音会慢慢地好起来的。
    问：女的建议男的做什么？

25. 女：这就是你们公司生产的新产品？
    男：这只是试用品，可能设计上还不是很成熟。
    女：打算什么时候正式推出？你们的销售目标是什么？
    男：估计明年年初吧，希望这个产品能出口到世界各国。
    问：男的有什么希望？

26. 男：这本书出版以后，您有什么打算？
    女：当然要先好好放松一下儿，会出去旅行两个月。
    男：这已经是您的第三本小说了，您下面会写什么样的故事呢？
    女：我很想写一个关于电影导演的小说，写之前会采访几位导演。
    问：女的可能是做什么的？

27. 女：你的成绩考得不错嘛，为什么想学这个专业？
    男：我希望能指挥交通，维护交通秩序，所以报了这个专业。
    女：但是这个工作可不轻松啊，挺辛苦的。
    男：我知道很辛苦，但是我会很自豪的。
    问：关于男的，下列哪项正确？

28. 男：您好！请问您想预订什么样的酒店？
    女：环境好一点儿的，价格在 500 元左右。
    男：市中心的价格比较高，远一点儿，但是在地铁旁边的可以吗？
    女：地铁附近的比较吵，有靠近太湖边的酒店吗？
    问：女的想住在哪儿？

29. 女：您好！我的脸上和手上都出现了很多红点儿，很痒，这是怎么了？
    男：别担心，我来检查一下。最近吃什么了？
    女：上个星期去海边玩儿，吃了不少的海鲜。
    男：显然是过敏了，我给你开点儿外用的和内服的药吧。
    问：男的正在做什么？

30. 男：在那个单位当总工程师的收入怎么样？
    女：每个月的基本工资大约一万元左右，还有一些奖金。
    男：交通和午餐的费用也由单位负责吗？
    女：是的，加班也有加班费。
    问：男的想知道什么？

第 31 到 32 题是根据下面一段对话：

男：你怎么了？有什么烦恼吗？

女：我要不要报名当城市运动会的志愿者呢？

男：这是好事啊，我和你妈妈都会支持的，你为什么犹豫呢？

女：我本来想利用假期上中学作文辅导班的。

男：我倒觉得要写好作文，实践比辅导班有用。

女：是吗？您为什么这么认为？

男：参加活动，认识朋友，写出来的文章当然更有意思了。

女：您说的对，我马上就去报名。

31．关于女的，可以知道什么？

32．男的和女的是什么关系？

第 33 到 34 题是根据下面一段对话：

女：都是刚运来的新鲜蔬菜，您要点儿什么？

男：这是土豆吗？跟一般的土豆不太一样啊。

女：这种土豆是新品种，口味好，而且营养价值高。

男：为什么比别的土豆贵一倍啊？

女：它没有农药，非常健康。

男：那先买两斤尝尝吧。

女：好的，这种土豆只有我们大型蔬菜商店才有，别的地方买不到的。

33．女的最可能是做什么工作的？

34．这种土豆有什么特点？

第 35 到 36 题是根据下面一段话：

三个年轻人走进一家酒吧，点了三瓶啤酒。按照当地的法律规定，只能卖酒给十八岁以上的人。服务员不能确定他们的年龄，所以要求看他们的身份证。其中两个人立即拿出了身份证，可是第三个人只拿出了一张图书馆的借书卡。服务员微笑着说："好的，两瓶啤酒和一本杂志，请稍等。"

35. 三个年轻人想做什么？

36. 服务员要给他们什么？

第 37 到 38 题是根据下面一段话：

这道是我们这儿的特色菜，非常受顾客的欢迎。我给几位介绍一下，先把羊肉油炸一下，变成金黄色之后，再放进各种中药材，加水和蔬菜煮五个小时左右。汤浓浓的、香香的，冬天的时候喝最好，能够暖胃；羊肉软软的，嫩嫩的，入口即化，很容易消化，所以老人和孩子也可以吃。今天特价 58 块，几位有没有兴趣点一个尝尝呢？

37. 这段话可能是在什么地方说的？

38. 根据这段话，说话人可能在做什么？

第 39 到 42 题是根据下面一段话：

春节时，中国人常常说："过年了。"那么，"年"这个词是怎么来的呢？传说古时候，在一座山上，有一种可怕的动物，它的名字叫作"年"。在冬天的时候，山上没有食物，"年"就会跑下山来，到村子里的人家找吃的。它的样子很恐怖，所以小孩子看见它，都被它吓得哇哇直哭，然后就会生病。爸爸妈妈都很烦恼，该怎么办呢？有人想出了一个办法：在"年"快要来的时候就放鞭炮，"年"听到鞭炮，看着火光，发出巨大的声音，觉得害怕极了，就逃跑了，跑到了很远的地方，再也没有回来过。所以后来在冬季，大家就习惯放鞭炮，现在已经变成了庆祝新年到来的传统活动。

39. 古时候，传说"年"是什么？

40. 爸爸妈妈为什么烦恼？

41. 人们想出了什么好办法？

42. 这段话主要介绍了什么？

第 43 到 45 题是根据下面一段话：

中国是世界上最早制作茶叶的国家。中国人从几千年前就开始习惯喝茶了，茶在中国已经形成了一种"茶文化"。"茶"字从上到下可以分成草、人、木三个部分，"草"和"木"代表大自然，中间是人，这表示在自然的环境中，人才能喝出茶真正的味道。因此，最理想的喝茶状态是在山水之间，面对着美丽的自然风景，跟几个朋友边聊天边喝茶。当然，在紧张的工作中，喝一杯热茶，也能让你觉得平静、愉快。当你拿到一杯茶，别急着大口喝，喝茶常常不是为了解渴，而是一种休息。你可以先欣赏一下茶水的颜色，再看看茶叶在热水中慢慢打开的样子，然后一小口一小口地喝，感觉一下茶叶的香气，体会一下回到自然的感觉。

43．这段话主要介绍了什么？
44．拿到一杯茶，应该先做什么？
45．喝茶可以让人有什么样的感觉？

听力考试现在结束。

HSK（五级）全真模拟试题（第 3 套）听力材料

（音乐，30 秒，渐弱）

大家好！欢迎参加 HSK（五级）考试。

大家好！欢迎参加 HSK（五级）考试。
大家好！欢迎参加 HSK（五级）考试。

HSK（五级）听力考试分两部分，共 45 题。
请大家注意，听力考试现在开始。

第 一 部 分

第 1 到 20 题，请选出正确答案。现在开始第 1 题：

1. 女：我认为参赛者的年龄应该限制在三十岁以下。
   男：我的想法正相反，我觉得应该扩大参赛者的范围。
   问：男的是什么意思？

2. 男：这不是我需要的文件，你复印错了。
   女：我看看。啊，是我太马虎了，真不好意思！
   问：女的是什么语气？

3. 女：这个地方不能停车，警察会罚款的。
   男：是吗？我刚才没看到标志，那我们停到前面的地下停车场去吧。
   问：下面哪一项是正确的？

4. 男：你那么忙，怎么会有时间学跳民族舞呢？
   女：下午下班以后到晚饭之前，我有两个小时的时间可以自由安排。
   问：女的什么时候去学跳舞？

5. 女：你每天弹钢琴都只弹这一个作品，不觉得单调吗？
   男：那是因为你对这个作品的爱没有我那么深。
   问：关于男的，下列哪项正确？

6. 男：什么？从这么高的地方往下跳？我可不敢。
   女：真是个胆小鬼，你为什么不能挑战一下自己呢？
   问：女的是什么意思？

7. 女：快来尝尝我做的麻婆豆腐，感觉怎么样？
   男：要是再加一点儿辣椒，味道就更棒了。
   问：男的主要是什么意思？

8. 男：我看过你的简历了，大学的成绩非常优秀啊。
   女：谢谢您！不过您的经验更丰富，我还要请您多多指导呢。
   问：关于女的，可以知道什么？

9. 女：你是着凉了吗？怎么打喷嚏打个不停啊？
   男：前两天我太太得了流行感冒，所以我也被她传染了。
   问：关于男的，可以知道什么？

10. 男：算了半天还是不对，我头都晕了，谁能弄清楚这一大堆数字啊？
    女：除非公司的会计在这儿，别的人都不懂这个。
    问：谁能解决这个问题？

11. 女：我给你买了个大草帽，你明天去钓鱼的时候可以戴，喜欢吗？
    男：你想得真周到，我明天一定戴上它。
    问：根据对话，可以知道什么？

12. 男：您好，请问新生是在这儿注册吗？
    女：是的，请先填写这张登记表，然后可以看一下我们的课程介绍。
    问：他们最可能是什么关系？

13. 女：我拿到第一个月的工资了，咱们这个周末去上海玩儿一趟，怎么样？
    男：你先把钱存起来，我们到国庆节假期的时候再去吧。
    问：他们可能什么时候去上海？

14. 男：别的都很好，就是房间里的冰箱太小了。还有，退房时间能不能推迟
       到下午一点？
    女：谢谢您的宝贵意见，我们今后会改进的。
    问：他们最可能在哪儿？

15. 女：钢铁厂打电话来说运输方面有点儿困难，材料能不能晚一个星期到？
    男：我们的工程可不能耽误，你让他们再想想办法吧。
    问：男的是什么意思？

16. 男：信封我写好了，请你帮我检查一下，看看地址写得对不对。
    女：我看看。北京市西城区西安门大街 56 号阳光小区 3 单元 705 室，没
       错，贴邮票吧。
    问：他们在做什么？

17. 女：怎么那么多人往飞机场门口跑啊？出什么事儿了？
    男：来了个电影明星，这些人一看见明星就疯狂得不得了。
    问：根据对话，可以知道什么？

18. 男：你家里怎么有一大堆罐头、饼干和方便面啊？
    女：假如我自己会做饭的话，还会吃这些东西吗？
    问：关于女的，可以知道什么？

19. 女：出版社催着要呢，你的书到底什么时候能完成？
    男：基本翻译完了，但是书里面有一些宗教方面的词我不会翻，我得问一
       下研究宗教的专家。
    问：男的最可能是什么人？

20. 男：喂，是马丽吗？有一件事情我得跟你商量一下！
    女：你不知道现在是几点钟吗？有什么事明天白天再说，好吗？
    问：现在最可能是什么时候？

第 二 部 分

第 21 到 45 题，请选出正确答案。现在开始第 21 题：

21. 女：安先生，您好，想要点儿什么？
    男：酱油和醋各三十公斤。
    女：好的，优惠跟以前一样，打七五折。
    男：别忘了开发票啊。
    女：对不起，发票用完了，先给您收据，明天把发票送给您。
    问：根据对话，下列哪项正确？

22. 男：你能适应集体生活吗？
    女：还不错，大学比高中自由多了。
    男：进大学并不等于进了保险箱，现在社会上的竞争越来越激烈。
    女：放心，我会努力的。
    问：关于女的，下列哪项正确？

23. 女：我们工厂这次招聘，想给残疾人一些工作机会。
    男：太好了！不过他们在工作中可能需要特殊的照顾。
    女：我们已经考虑到了，会增加各种设施来方便他们的。
    男：我代表残疾人互助组织向你们表示感谢！
    问：关于女的，可以知道什么？

24. 男：大家建议我重新开一个广告公司，你觉得呢？
    女：当然好！你非常了解顾客的心理，而且也善于跟别人沟通，很适合做
        这个行业。
    男：但是我已经失败过一次了。
    女：你没听说过"失败是成功之母"这句话吗？
    问：女的建议男的做什么？

25. 女：本科毕业以后，你打算继续读书还是先找工作呢？
　　男：如今本科生找工作不太容易，我已经考上了本校的硕士研究生。
　　女：不错啊，研究生读完以后会有更好的工作等着你的。
　　男：其实我的目标是一直读到博士。
　　问：男的对于将来有什么打算？

26. 男：听说你要租房子，怎么样？找到满意的了吗？
　　女：我头疼死了，看是看了不少，但不是地点不合适就是价格不合适。
　　男：你为什么不请房屋中介公司的人帮你找呢？
　　女：对啊，我怎么没想到呢？
　　问：女的要找什么样的人帮忙？

27. 女：导演这个工作很有意思吧？
　　男：有快乐，也有风险。反正酸甜苦辣的味道我都尝过了。
　　女：观众很想知道您下一部电影会拍什么。
　　男：我答应我的女儿，要为孩子拍一部动画片。
　　问：关于男的，下列哪项正确？

28. 男：你最近怎么不来俱乐部打羽毛球了？忙什么呢？
　　女：这几个周末我在老人院当志愿者。
　　男：不错啊，你还挺有爱心的。下周六在体育馆有友谊赛，你能来吗？
　　女：可以啊，好久不打，我手都痒了。
　　问：女的下周六要去哪里？

29. 女：就在这儿拍吧，我们怎么站？
　　男：你坐在石头上，我站在你后边吧。
　　女：不行，这样你就把漂亮的背景挡住了。
　　男：那一起坐在石头上吧。好了，小伙子，请帮我们拍吧！
　　问：他们正在做什么？

30. 男：你好！请问今年春节期间你们银行正常营业吗？
　　女：我们年初一到初三放假，初四开始上班。
　　男：知道了，谢谢！请帮我换一百块钱的硬币好吗？
　　女：好的，请稍等。
　　问：根据对话，可以知道什么？

第 31 到 32 题是根据下面一段对话：

　　男：你在象棋大赛中获得了冠军，作为朋友，真为你高兴！
　　女：谢谢。这次比赛我的运气比较好，下得非常顺利。
　　男：我跟你认识那么多年了，都不知道你象棋下得那么好。
　　女：我从六岁就开始学了，我爸爸是我的第一个老师。
　　男：听你丈夫说，你现在还义务教小孩子下象棋。
　　女：是的，我每个周末会去象棋学校给孩子们做一些指导。
　　男：给小孩子上课有意思吗？
　　女：非常有趣，他们又聪明又活泼。

　　31. 关于女的，可以知道什么？
　　32. 男的和女的是什么关系？

第 33 到 34 题是根据下面一段对话：

　　女：这个学期我们班举办什么样的活动好呢？
　　男：唱歌比赛啊，学生最喜欢了。
　　女：不过唱歌比赛上个学期已经搞过了，会不会缺乏新鲜感？
　　男：那么说故事比赛呢？
　　女：他们已经是中学生了，要不搞个辩论赛什么的？
　　男：你是班主任，你决定吧。
　　女：我跟学生商量一下。

　　33. 女的最可能是什么人？
　　34. 他们在商量什么？

第 35 到 36 题是根据下面一段话：

有个男孩儿脾气很坏，常跟别人吵架，大家都讨厌他。有一天，他妈妈给了他一袋种子，告诉他，如果感到愤怒，就在院子里撒下一粒。第一天，男孩儿撒了十粒种子，后来，他每天撒的种子减少了，他渐渐学会了控制自己的脾气。过了一阵子，他脾气好多了，交到了朋友，而花园里也长出了许多美丽的花儿。

35．妈妈让男孩儿生气的时候做什么？
36．妈妈希望他能学会什么？

第 37 到 38 题是根据下面一段话：

各位旅客，你们好！本海关有"申报通道"和"无申报通道"，请您根据您携带的物品情况选择是否需要申报。如果您不确定是否需要申报，请您主动到"申报柜台"向职员咨询。申报必须由本人办理，请出示您的护照或通行证，填写申报单，并把申报物品交给海关检查。如果没有要申报的物品，可选择无申报通道，接受海关的例行检查。

37．这段话可能是在什么地方说的？
38．根据这段话，可以知道什么？

第 39 到 42 题是根据下面一段话：

唐朝有个人叫陆元方，他想卖掉城里的一座房子。一个商人想买，跟他谈好了价格。当时有个当官的人也想买，还愿意出更高的价钱，但陆元方马上拒绝了。他说："对不起，我已经答应别人了。"商人来付款的时候，跟陆元方说自己打算在这里开一个饭馆，陆元方诚实地告诉买主："这座房子自己住的话没有问题，但是要开饭店的话就不合适了，因为饭店需要大量用水，可是这里取水不太方便。"商人听了以后，改变了主意，决定不买了。有人笑话陆元方，认为他太傻了，但是更多的人却认为他很有道德，非常尊敬他。

39. 陆元方为什么拒绝把房子卖给当官的？

40. 商人最后为什么改变了主意？

41. 知道了这件事后，大部分人对陆元方是什么态度？

42. 关于陆元方，下列哪一项是对的？

第 43 到 45 题是根据下面一段话：

阳阳快五岁了，是个很乖的孩子。但是最近幼儿园老师却发现阳阳越来越不爱说话了，妈妈也注意到了孩子好像有话想说，可只要一问他，他就摇摇头，不愿意跟妈妈交流。

妈妈带着阳阳找到了心理医生，原来，孩子的爸爸在国外工作，妈妈工作又非常忙，经常早出晚归，跟阳阳的感情交流越来越少。医生说，孩子的心理发展是一个很长的过程，对孩子成长的每一个阶段都要重视，如果只保证孩子生活上的需要，对孩子关心不够，缺乏耐心的话，孩子就会变得无法跟父母有效地沟通，时间长了，孩子就会习惯性地保持沉默，不再愿意说出自己的心里话。因此，家长工作再忙，也不应忽视孩子心理上的需要，经常跟孩子聊聊天儿，经常拥抱孩子，都是沟通的好办法。

43. 老师和家长发现阳阳有什么问题？

44. 父母与阳阳的关系怎么样？

45. 下面哪一项是家长与孩子沟通的好办法？

听力考试现在结束。

HSK（五级）全真模拟试题（第4套）听力材料

（音乐，30秒，渐弱）

大家好！欢迎参加 HSK（五级）考试。

大家好！欢迎参加 HSK（五级）考试。
大家好！欢迎参加 HSK（五级）考试。

HSK（五级）听力考试分两部分，共 45 题。
请大家注意，听力考试现在开始。

第 一 部 分

第 1 到 20 题，请选出正确答案。现在开始第 1 题：

1. 女：离规定时间只有一个星期了，我们来得及吗？
   男：我们要抓紧一切时间，这个工作必须按时完成。
   问：男的是什么意思？

2. 男：我不抽烟就写不出作品来，怎么可能戒烟呢？
   女：这都是借口，为了你自己的健康，必须彻底戒掉。
   问：下面哪一项是正确的？

3. 女：听说实验并不顺利，您能跟大家谈谈吗？
   男：我承认结果不太理想，所有实验数据我们都会向大家公开的。
   问：男的是什么态度？

4. 男：你买的飞机票为什么比我的便宜那么多呢？
   女：别在节假日前买，如果在淡季订票的话，价格会非常优惠的。
   问：女的建议什么时候买票？

5. 女：你辛苦干了半天，荣誉却是别人的，你不觉得吃亏吗？
   男：中国人说"吃亏是福"，何况我也学到了不少知识啊。
   问：关于男的，下列哪项正确？

6. 男：我们在沙滩上打球，在海里游泳，上岸后又去吃海鲜，喝啤酒。你还记得吗？
   女：那次玩儿得真痛快啊！
   问：女的是什么意思？

7. 女：你帮助警察抓住了罪犯，你不就是个大英雄吗？
   男：你别夸我了，很多市民碰见这种情况都会这样做的。
   问：男的主要是什么意思？

8. 男：你们公司每次投资都很成功，你觉得自己是特别有智慧的人吗？
   女：你这么问，是因为你没看到我天天早出晚归，每天平均工作10个小时以上，几乎没有周末。
   问：关于女的，可以知道什么？

9. 女：你不是前一阵子刚买过数码相机吗？怎么又要买？
   男：这是新产品，像我这种数码迷，宁可不吃饭也要买一台啊。
   问：关于男的，可以知道什么？

10. 男：你没听说吗？马上来做讲座的是著名经济学家王伟教授！
    女：哦，怪不得报告厅里坐满了老师和学生。
    问：大家在等待谁的到来？

11. 女：海边会很晒的，所以我准备带上防晒油、伞、帽子、太阳眼镜和扇子。
    男：不用带那么多东西，尤其是扇子，太多余了。
    问：根据对话，可以知道什么？

12. 男：我给咱们办公室的电脑都安装了新的汉字输入系统，你试试看。
    女：真不错，打文件的速度更快了，以后可以早点儿下班了。
    问：他们最可能是什么关系？

13. 女：我正在排队买戏剧表演的票呢，票还剩 12 号和 15 号晚上的，你看买哪天的？

男：我看一下日历啊，哦，15 号晚上我有一个商业活动。

问：他们可能什么时候去看戏剧表演？

14. 男：这里有许多古代和近代的艺术品和生活物品，都是我们城市的宝贵财产。

女：我很想多了解一下它们的历史，我们去听听解说员的介绍吧。

问：他们最可能在哪儿？

15. 女：医生说你肩膀受伤比较严重，需要长时间治疗，但很快就要举行决赛了，怎么办呢？

男：别担心，会发生奇迹的。

问：男的是什么意思？

16. 男：看，前面就是彩虹岛，来以前听说过它吗？

女：我在国家地理频道看过它的介绍，也一直想来看一看它美丽的景色。

问：他们在做什么？

17. 女：我来电视台实习的第一天就让我当主持人采访嘉宾，我真紧张啊！

男：别担心，你快考虑一下要提哪些问题，准备一个采访提纲就行。

问：根据对话，可以知道什么？

18. 男：我不过是说她小气，她就气得不跟我说话了，为什么人人都听不得实话呢？

女：说实话的时候也要注意方法，注意别人的感受啊。

问：女的是什么意思？

19. 女：你工作那么忙，怎么还有兴趣去参加赛车这么疯狂的运动？

男：我在单位整天都在算着什么汇率啊、利息啊，业余时间就想做点儿刺激的事情。

问：男的最可能是做什么工作的？

20. 男：不好意思，我们饭店下午营业到两点，请问两位还有什么需要吗？

女：哦，时间差不多了，那请帮我们结账吧。

问：现在最可能是什么时候？

第 二 部 分

第 21 到 45 题，请选出正确答案。现在开始第 21 题：

21. 女：您看这篇文章还有什么要修改的吗？

男：我只匆忙地浏览了一遍，还没仔细看。

女：整体感觉怎么样？

男：内容很有趣，也提出了自己的观点。

女：谢谢您。您慢慢看，我期待着您的指导。

问：根据对话，下列哪项正确？

22. 男：怎么了，不舒服吗？

女：是啊，飞机起飞的时候耳朵特别疼。

男：起飞和降落的时候，气压改变会让耳朵不舒服，吃块糖吧，会有帮助的。

女：好的，谢谢你。

问：关于女的，下列哪项正确？

23. 女：为什么这部有关婚姻、家庭生活的电视剧会那么受欢迎？

男：因为这些都是老百姓平时比较关心的话题。

女：喜欢看这部电视剧的主要是女观众。

男：可能是这个电视剧中的角色满足了她们对爱情的幻想吧。

问：他们正在谈论什么？

24. 男：到底应该买哪一套呢？

女：我还是觉得地铁附近新建的那个高档公寓不错。

男：但是城市里的房子没郊区的环境好啊。

女：我觉得对年轻人来说，上班方便最重要。

问：女的建议男的做什么？

25. 女：孩子们给你准备了一个生日晚会，你知道了吗？
    男：哈哈，我看到你们神神秘秘的样子，早就猜到了。
    女：那你可不能说出来啊，否则孩子们会失望的。
    男：放心，我一定假装什么都不知道。
    问：关于男的，下列哪项正确？

26. 男：我第一次来这个城市，这里有什么有名的景点吗？
    女：这里历史悠久，名胜古迹可不少呢，你对什么最感兴趣？
    男：我对宗教有兴趣，这里有古老的寺庙吗？
    女：当然有，我可以帮你找个导游。
    问：根据对话，下列哪项正确？

27. 女：是你！怎么会在这儿遇到你呢？
    男：一个生意伙伴在这里举行展览会，所以我就过来了。
    女：来之前怎么也不跟我打个招呼啊？
    男：我原来打算展览会一结束就跟你联系。
    问：关于女的，下列哪项正确？

28. 男：周末我们的车友俱乐部有驾车出游活动，跟我们一起出去玩儿吧？
    女：我现在开车开得还不太熟练，让我再练练吧。
    男：新手是应该谨慎一点儿，对了，驾驶、维护、修理方面的问题，你都
        可以找我。
    女：太好了，以后肯定会麻烦你的。
    问：男的周末要做什么？

29. 女：请问您要挂哪个科？
    男：我的肺部很不舒服，咳嗽个不停。
    女：应该挂内科，您要挂专家号还是普通号？
    男：就挂普通的吧，专家号等的人太多了！
    问：男的正在做什么？

30. 男：公司明年的计划书出来了吗？
　　女：我写好了，你看，我有信心在一年内把分店开到三十家。
　　男：我不赞成片面地追求分店的数量，是不是应该先考虑提高服务的质量？
　　女：你说的也有道理，我们再好好商量一下吧。
　　问：根据对话，可以知道什么？

第 31 到 32 题是根据下面一段对话：
　　男：小妹，上次给你介绍的那个人，你们发展得怎么样了？
　　女：见了几次，去看看电影，吃吃饭什么的。
　　男：他工作非常出色，人也很老实。
　　女：跟我在一起的时候也挺体贴的。
　　男：你们年纪都不小了，爸妈也很着急，你们争取机会多了解了解吧。
　　女：哥，我对他还是没有恋爱的感觉。
　　男：那你到底是怎么想的呢？
　　女：我们可能还需要一些时间吧。

31. 关于女的，可以知道什么？
32. 他们在谈论什么问题？

第 33 到 34 题是根据下面一段对话：
　　女：那么多人来参加我的音乐会，你也为我高兴吧？
　　男：那当然了，我为您而感到骄傲。
　　女：这些年，我工作太忙了，做家务和照顾你都交给你爸爸了。
　　男：我和爸爸都能理解。看，我们还为您准备了一个小礼物呢。
　　女：啊，一只金色的麦克风！
　　男：这表达了我们的祝福，希望你能唱更多、更好的歌。

33. 女的最可能是做什么工作的？
34. 男的和女的是什么关系？

第 35 到 36 题是根据下面一段话：

有一个小伙子和伙伴们一起到一个大城市找工作，他们吃惊地发现：这里一杯清水都要卖好几块钱，伙伴们失望地说："喝杯水都要那么多钱，这个地方简直没办法再呆下去了。"他们纷纷回了故乡。小伙子却想：这地方连一杯清水都能够卖钱，真是挣钱的好地方啊！于是他留了下来，经过奋斗，他成为了著名的企业家。

35．什么事让他们很吃惊？
36．小伙子为什么留了下来？

第 37 到 38 题是根据下面一段话：

各位旅客，你们好！现在广播紧急通知，第 12 号车厢有一位老人突然生病，呼吸困难。如果您是医生，请速到 12 号车厢，我们需要您的帮助。另外，下站将到达苏州站，我们已联系了苏州当地的医院，120 救护车将在站台迎接病人。因此，我们在苏州站的停留时间将延长十五分钟，谢谢您的配合。

37．这段话可能是在什么地方说的？
38．根据这段话，可以知道什么？

第 39 到 42 题是根据下面一段话：

孔子的一名学生在做饭时，发现有脏东西掉进饭锅里去了，他连忙拿了出来，可是把脏东西扔掉以后，手指上还留着几粒米，他觉得很可惜，于是就把这几粒米吃了。这时正好孔子走进厨房，以为他在偷吃，就批评了他。经过学生的解释，孔子才明白误会他了。孔子对大家说："我亲眼看见的事情也不一定是确实的，何况是别人看见的或者别人告诉我的呢？"是啊，我们在生活中不断会遇到难以判断对错的事情，如果不经过了解和分析，什么都相信的话，我们可能会做错很多的事情，多问、多听、多看、多想，才是正确的做法。

39．那个学生正在做什么？

40．孔子以为那个学生做了什么错事？

41．这件事让孔子明白了什么？

42．关于孔子，可以知道什么？

第 43 到 45 题是根据下面一段话：

生活压力越来越大，处理不了的问题越来越多，怎么办？有些人选择了逃避，逃避自己、逃避工作、逃避考试、逃避感情。在网络上，人们也讨论着种种逃避现实的方式。有人说，逃避现实最好的方法就是睡觉，有人会找个安静的地方一个人坐着，有人喝酒或者上网。

但是，所有的逃避都是暂时的，总有一天你不得不回到现实。那时，问题仍然存在，有时甚至会因为你的逃避而变得更加严重。现实不会因为你逃避就变成了你希望的样子，也许现实让你痛苦，但是那种假装什么都不知道，但是心里其实很明白的感觉才是最痛苦的。换一种更为积极的态度去面对问题吧，也许问题并不像你想象的那么可怕。

43．大家在网络上讨论什么问题？

44．作者认为逃避的结果是什么？

45．下面哪一个是解决问题的好办法？

听力考试现在结束。

HSK（五级）全真模拟试题（第5套）听力材料

（音乐，30秒，渐弱）

大家好！欢迎参加 HSK（五级）考试。
大家好！欢迎参加 HSK（五级）考试。
大家好！欢迎参加 HSK（五级）考试。

HSK（五级）听力考试分两部分，共45题。
请大家注意，听力考试现在开始。

第 一 部 分

第1到20题，请选出正确答案。现在开始第1题：

1. 女：这家超市的购物环境挺好的，而且二十四小时都营业。
   男：就是品种不够丰富。
   问：关于这家超市，下列哪项正确？

2. 男：离吃午饭还有一会儿，我们先要份点心吧。
   女：不用了，来壶茶吧，我们一边喝一边聊。
   问：女的想要什么？

3. 女：快停，要撞到后面的墙了。
   男：别着急，我倒车的水平还是不错的。
   问：他们现在在哪儿？

4. 男：残疾人通道这个月底就能修好吧？
   女：最晚月底，我估计最快本月中旬就能完成。
   问：残疾人通道最快什么时候修好？

5. 女：小王，怎么买这么多罐头食品啊？
   男：周末我约了几个朋友去登山，要在山上住两夜，山上吃的太贵。
   问：男的为什么要买罐头食品？

6. 男：你不是去银行办房子的贷款了吗？
   女：是啊，可我忘带单位的收入证明了，只好回来拿。
   问：女的回来做什么？

7. 女：您这个动画学习班适合什么年龄的孩子？
   男：这个班适合 10 到 12 岁，有一定美术基础的学生学习，学费全免，纸和笔自己准备。
   问：男的最可能是什么人？

8. 男：别换啊，过会儿新闻就开始了！
   女：放心吧，我先看看电影频道，过会儿再给你换回去。
   问：关于男的，可以知道什么？

9. 女：唉，我买的那些股票能收回一半的钱就不错了。
   男：换一个角度想想，毕竟能收回一些，有的人一分钱都收不回来呢。
   问：男的对女的是什么态度？

10. 男：麦克风好像有问题，你上去帮忙调一下吧。
    女：老板，这我还真不懂。要不我喊小马来，他负责所有的设备。
    问：设备由谁负责？

11. 女：你已经采访过那么多名人了，怎么今天还这么紧张啊？
    男：可能是昨天刚出差回来，时间太紧，准备得不够充分吧。
    问：关于男的，可以知道什么？

12. 男：今年春节、国庆的同学聚会你都没参加，马上元旦了，你有空儿吗？
    女：再忙我也会抽时间的，不然一忙就又要忙到明年春节后了！
    问：女的可能什么时候有空儿？

13. 女：爬了一天的山，终于可以休息了，赶快躺一会儿吧。
    男：你先休息。我得给照相机充上电，明天还要接着拍风景呢。
    问：男的现在准备做什么？

14. 男：这种丝绸围巾怎么这么贵？看上去没什么特别的呀。
    女：这种围巾完全是手工制作的，做一条要花两个月的时间呢。
    问：关于这种丝绸围巾，下列哪项正确？

15. 女：现在水、电、气都在涨，我这房租是不得不涨啊！
    男：可我的工资没涨啊！再这样下去，我只能另外租地方了。
    问：他们是什么关系？

16. 男：这次地震中死了很多人，太可怜了！我们除了捐钱，还能做点儿
    什么？
    女：我已经向单位报名做志愿者了，你是工程师，那里也很需要的。
    问：关于女的，可以知道什么？

17. 女：我的电脑总是死机，是不是有病毒啊？你能帮我看看吗？
    男：没问题，就交给我这个专家吧。
    问：男的是什么意思？

18. 男：太极拳班已经满了，现在报名也只能等春节后才能上课了。
    女：那我就现在报名吧，不然说不定要被排到暑假了。
    问：女的什么时候开始上太极拳班？

19. 女：这顿饭还是我请客吧！
    男：绝对不行！上次已经说好了，轮流请客，这次该我请了！
    问：根据对话，可以知道什么？

20. 男：这幅画儿我真的看不明白，你能给我解释解释吗？
    女：你不能想得太具体，不然画儿的味道就没了！
    问：这幅画儿怎么样？

第 21 到 45 题，请选出正确答案。现在开始第 21 题：

21. 女：王总，明天下午三点您有个会。
    男：哦，多谢你的提醒，我差点儿忘了。
    女：不用谢，这是会议要用的材料，您看一下。
    男：好的，放在桌上吧，有问题我叫你。
    问：女的可能是什么人？

22. 男：医生，我一个晚上拉了六次肚子，现在一点儿力气都没了！
    女：你是不是吃了什么不干净的东西？
    男：我晚上有个聚会，吃了一些海鲜，会不会海鲜不新鲜？
    女：有可能，你先查一下血吧，过一会儿把报告单拿来给我。
    问：关于男的，可以知道什么？

23. 女：现在几点了？
    男：让我看看，差一刻七点。
    女：还有十五分钟啊，那我先带女儿去趟卫生间。
    男：你们快去快回啊，电影就要开始了。
    问：女的准备做什么？

24. 男：你怎么了？眼睛红红的。
    女：我原来以为他们可以幸福地生活在一起，可最后却分开了！
    男：这不是电视剧吗？又不是真的！
    女：我知道是假的，可我心里就是替他们难过。
    问：关于女的，可以知道什么？

25. 女：我跑了好几家，觉得这家装饰公司用的材料很实在，你看看。
    男：材料是不错，不过，价格方面你们谈得怎么样？
    女：如果工程和材料全部由他们负责，价格相对会比较便宜。
    男：那就全部交给他们做吧，我们年纪大了，没那么多精力了。
    问：他们决定怎么装饰房子？

26. 男：我问你，开车最关键的一点是什么？
    女：看你严肃的样子，像我们教练似的，最关键的不就是安全吗？
    男：是安全，可怎么才能安全呢？
    女：知道了，我刚才是开得太快了，我以后一定注意！
    问：女的开车怎么样？

27. 女：喂，爸，你和妈都在外面呢？
    男：是啊，我和你妈在公园散步呢。
    女：爸，我今天要加班，你能不能帮我去趟学校，接一下明明？
    男：行啊，你就别操心了。对了，你得先跟明明的老师说一下。
    女：没关系，明明老师认识你。
    问：女的让父亲做什么？

28. 男：真没想到，下雨后山上这么凉，还有这么大的雾！
    女：黄山的雾是很有名的，可惜的是，有些风景就看不到了。
    男：听导游说，这里的天气就像孩子的脸，变得特别快，晚上也许就
       晴了。
    女：希望如此吧，不然我的照相机就白带了。
    问：根据对话，下列哪项正确？

29. 女：取名真是件头疼事儿！
    男：有什么难的？网上有很多取名的软件呢。我当时给女儿取名，就是通
       过一个取名软件找到的。
    女：那我来试试看，"取名软件"，啊，真的出来不少呢！
    男：找到合适的名字，别忘了谢我啊！
    问：关于女的，可以知道什么？

30. 男：加快点儿速度，你现在感觉到腿有点儿酸了吗？
    女：是啊，不是有点儿，而是非常酸。
    男：这说明你的肌肉缺乏锻炼，跑步机的速度还没多快呢。
    女：这还不快？行，那你来跑！我去喝杯饮料休息休息。
    问：他们现在可能在哪儿？

第 31 到 32 题是根据下面一段对话：

男：我刚才碰到老张了，他们一家从国外回来，我请他们明天来吃饭。

女：他们移民有十年了吧，都还好吧？

男：挺好的，他开了个贸易公司，和国内有生意往来。

女：哦，我记得他也是四川人。

男：是呀，他还没忘记你烧的川菜呢，尤其是那道麻婆豆腐。

女：那可不，在国外哪能吃到地道的中国菜呢？

男：那我去买菜了。

女：你去吧，我把家里再收拾一下。

31. 男的今天怎么了？

32. 根据对话，可以知道什么？

第 33 到 34 题是根据下面一段对话：

女：想想看，洗衣粉广告面对的是什么消费者？

男：当然是妈妈们啦！

女：对啊，所以我们可以考虑请些普通的家庭妇女来拍广告！

男：可我觉得现在的妈妈也很时尚，如果请女明星来拍，会更吸引她们。

女：你说得也不是没有道理。

男：那我们应该请什么样的女星来拍呢？

女：长得要比较亲切，已经做了妈妈的最合适。

33. 女的最可能是做什么工作的？

34. 女的需要什么样的女明星？

第 35 到 36 题是根据下面一段话：

一位地理教师在向同学们介绍月球上的情况，他说："月球的面积非常大，可以住得下几千万人，也许将来地球污染严重了，我们只能到月亮上去住。"这时，一位同学忽然大喊起来，痛苦地说："老师，每个月月亮都会变弯的呀，那时住在上面的人该多么拥挤啊！"

35. 地理教师说月球怎么样？
36. 那位同学为什么大喊？

第 37 到 38 题是根据下面一段话：

　　各位乘客朋友，火车前方到达南京站。下车的乘客朋友请整理好自己的行李，别忘在车上。南京站上下车的乘客较多，不下车的乘客请看好自己的行李，不要拿错。下车到站台上散步或购买食品的乘客，请注意开车的铃声，铃声响时请及时上车。停站时间为十五分钟，车上餐厅、厕所将暂时关闭。

37. 广播提醒下车的乘客注意什么？
38. 根据这段话，可以知道什么？

第 39 到 42 题是根据下面一段话：

　　古时候有个人，请了几个朋友来聚会。其中一位受到邀请的朋友特意带了一壶酒来，主人把这壶酒拿过来看看说："这壶酒不算少，可要给每个人一杯又不够，该怎么办呢？"大家想来想去，最后一个人建议说："我们比赛画蛇吧，谁先画好，就给谁喝！"大家都一致同意。
　　有个人第一个画好，他得意地想去拿酒壶，却看到大家都还在画，就想："反正他们还没画好，那我就给这蛇加几只脚吧。"于是，他开始给蛇画脚。还没画完，另一个人画好了，那人一把抢过酒壶，对他说："蛇本来是没有脚的，你怎么能给它画脚呢？"说完，就抱着酒壶喝起来。

39. 这个人请朋友来做什么？
40. 大家决定怎么分酒？
41. 第一个画好的人干什么了？
42. 最后谁喝到了酒？

第 43 到 45 题是根据下面一段话：

　　我家门前有两家卖老豆腐的小店。一家老板姓马，另一家姓张。两家店是同时开的。马家的特点是豆腐做得很实在，大家都排队等，而张家老豆腐做得软，加的汤多，因此，有一段时间，张家的门前冷冷清清，我起得晚才去吃。

大概一个多月以后，张家的门前居然也排起了长队。我很好奇，排队买了一碗，看着碗里的豆腐，仍然是稀稀的汤汁，和以前没什么两样。我就问张家的老板怎么回事，他笑着说："其实，我和马家的老板是同一个师傅。"我有些吃惊："那你们做的豆腐不一样呀！"老板说："是要不一样啊。生意要想做得长久，就要有自己的特点。马家做的豆腐确实好，我真比不上，但我的豆腐汤是加入几十种材料，经过十二个小时制成的，师兄在这方面就不如我了。人们都喜欢换口味，所以我们只要有自己的特点，就不担心没客人。"

　　43．马家的豆腐为什么受欢迎？
　　44．一个月后张家怎么了？
　　45．根据这段话，可以知道什么？

听力考试现在结束。

HSK（五级）全真模拟试题（第6套）听力材料

（音乐，30秒，渐弱）

大家好！欢迎参加 HSK（五级）考试。
大家好！欢迎参加 HSK（五级）考试。
大家好！欢迎参加 HSK（五级）考试。

HSK（五级）听力考试分两部分，共 45 题。
请大家注意，听力考试现在开始。

第 一 部 分

第 1 到 20 题，请选出正确答案。现在开始第 1 题：

1. 女：这个价格很便宜啊，门票、宾馆、交通、导游都包含在里面了。
   男：可吃饭不包啊，还有宾馆的标准也相对低了一点儿。
   问：这个旅游计划怎么样？

2. 男：劳驾，我的票是 18 号，您是不是坐错了？
   女：不会吧？我看看你的票。啊，您是东区 18 号，我们区号不一样。
   问：男的在找什么？

3. 女：领带要系好，第一天教书，一定要给学生们留下一个好印象。
   男：妈，放心吧，我早就准备好了，看您，比让我去约会那会儿还操心。
   问：男的准备做什么？

4. 男：早上我看见你，跟你打招呼，可是你好像没看见我一样。
   女：不好意思，我眼镜坏了，没戴眼镜，看不清楚。
   问：女的为什么没跟男的打招呼？

5. 女：老马，刚才飘了几滴雨，你赶快把晒在外面的被子收进来。
   男：你放心吧，刚才一打雷我就把被子收进来了。
   问：关于男的，我们知道什么？

6. 男：是不是肩膀又酸了？给，喝点儿茶，歇会儿吧，身体最重要。
   女：唉，你别光说我，你自己还不是一工作起来就停不下来了！
   问：男的对女的什么态度？

7. 女：爸爸，老师说今天要准备好胶水、剪刀、水彩笔，明天要做明信片。
   男：家里没胶水了，我去超市给你买吧。
   问：女儿明天要做什么？

8. 男：你们家的客厅真大，可以开舞会了！
   女：我买的时候倒没觉得，当时只是觉得卫生间比较大，书房和卧室外面的风景比较好。
   问：关于女的家，下列哪项正确？

9. 女：你好，我买的是往返机票，现在我要推迟几天回去，该怎么办？
   男：您的机票是可以改日期的，但需要交一定的费用。
   问：男的是什么意思？

10. 男：糟糕，我忘带乘车卡了，你有零钱吗？
    女：没有，自动售票机也接受五元和十元的整钱，你就让它找吧。
    问：他们最可能在哪儿？

11. 女：请大家到这边来看，这件是明朝皇后穿过的衣服，十分精美。
    男：真是太美了，可惜不能拍照！
    问：女的最可能是做什么的？

12. 男：这些梨怎么都烂了？找不到几个好的。
    女：我们农家乐的活动已经举办了一个月了，好的都被摘走了，而且这几天天气突然转冷，大部分被冻坏了。
    问：根据对话，可以知道什么？

13. 女：你的电话怎么一直在占线啊？家里有急事也联系不上你。
    男：别生气呀，刚才是老同学从国外给我打的电话，他还问候你呢。
    问：他们可能是什么关系？

14. 男：其实我吃得挺多，就是好像不吸收，怎么也胖不起来。
    女：真让人羡慕，我连喝水都能长胖，怎么也苗条不了。
    问：关于女的，可以知道什么？

15. 女：爸，带些简单的生活必需品就够了。我是去上大学，又不是去开商店。
    男：你第一次单独到外地去，人生地不熟的，多帮你准备些东西，需要的时候就方便了。
    问：女儿要去外地做什么？

16. 男：你不用这个新鼠标啊？昨天才买的。
    女：这新的用起来一点儿也不灵活，我猜可能是哪个零件有问题，可我还没时间去换。
    问：女的鼠标怎么样？

17. 女：别慌张，再找找，你放相机的包里找过没有？
    男：我不可能把登机牌放在那里吧。我看看。啊！幸亏你提醒我。
    问：男的是什么意思？

18. 男：我知道你最爱吃巧克力，所以特意买了花生巧克力给你尝尝。
    女：你想得真周到，不过，我对花生有点儿过敏。
    问：关于男的，我们知道什么？

19. 女：我在网上买了东西，怎么不能付款呢？
    男：你的银行卡还没开通网上支付的功能呢，如果你想在网上买东西，现在只能是货到付款。
    问：女的该怎么付款？

20. 男：你的专业知识和能力都不错，可惜你没有工作经验。

女：经理，经验也是慢慢积累的，如果你们给我机会，我保证努力工作，发挥自己最大的能力。

问：女的缺乏什么？

第 二 部 分

第 21 到 45 题，请选出正确答案。现在开始第 21 题：

21. 女：你听说了吗？小王她爸去世了。

男：是吗？小王这么年轻，她爸年纪也不大吧？得了什么病啊？

女：听说她爸抽了一辈子的烟，把肺抽坏了，你也要注意啊。

男：我知道抽烟不利健康，可就是戒不了。

女：下决心没有做不成的事。

问：关于女的，下列哪项正确？

22. 男：你最近这么爱看"天天美食"频道啊。

女：是啊，我这个人比较笨，创造不出什么菜，可模仿着做还行。

男：有这么好学的妻子，我天天都有美食吃了！

女：谢谢你的赞美，过会儿你就可以吃到这道黄瓜炒鸡片了。

问：女的最近爱做什么？

23. 女：这光盘怎么不能用了？

男：让我看看，上面这么多灰尘，我擦干净你再试试。

女：好像还是不行，是不是电脑的问题？

男：不一定，你拿这张光盘试试，要是还不行，就可能是硬件的问题了。

问：男的是什么意思？

24. 男：你这包是进口的吧？要多少钱？

女：我是去年委托朋友从国外带回来的，一百美元吧。

男：真便宜啊，听说现在进海关要加税了。

女：暂时还没加，不过听说下个月就要开始实行了。

问：关于女的，可以知道什么？

25. 女：你选的课真多啊，一定挺累的吧？
　　男：累是累，不过我喜欢，有压力才有进步呀。
　　女：难怪张教授总夸你，说你在学术研究上大有前途。
　　男：是吗？那我应该更加勤奋才对。
　　问：男的怎么样？

26. 男：这一期的商品广告编辑好了吗？
　　女：差不多了，不过，打折商品那一部分还没完全做好。
　　男：销售部还没把价格单拿给你吗？
　　女：已经给了，但有些打折商品的优惠日期还要确认一下。
　　问：女的需要确认什么？

27. 女：我下午课不多，想打打工赚点儿学费，你们公司需要人吗？
　　男：现在不需要，不过我们公司有几个外国人，想找人教他们中文。
　　女：那太好了，正好符合我的专业，你帮我问问吧。
　　男：干脆你下午来一趟我们公司，我给你当面推荐推荐。
　　问：男的建议女的做什么？

28. 男：这趟在海边玩儿得真好，晚上都不用开空调，太舒服了。
　　女：你运气真好！你不在的这几天，北京热得不得了，居然达到了四十
　　　　多度。
　　男：真不敢相信，现在这灾害性天气太多了！
　　女：幸亏现代人有空调，不然全都被烤化了。
　　问：关于男的，下列哪项正确？

29. 女：快把蜡烛插上吧。
　　男：糟糕，忘了买火柴了，这怎么办？
　　女：我早就替你准备好了！下午我去买蛋糕的时候，特意去买了盒火柴。
　　男：你想得真周到。好了，把灯关掉，我来许个愿！
　　问：男的忘了买什么？

30. 男：我记得小说里的人物浓眉大眼，身材高大，是吧？

女：对啊，这个演员虽然长得帅，可总感觉柔弱了一些。

男：可见看电影真不如看小说，看小说有想象的空间。

女：不过我觉得画面还是挺完美的。

问：他们现在可能在哪儿？

第 31 到 32 题是根据下面一段对话：

男：到舅舅家来，千万别客气，多吃点儿啊！

女：谢谢您，我已经吃饱了。

男：才吃这么点儿就饱了？是不是舅舅烧的菜不好吃啊？

女：哪儿啊，我平时只吃一点儿，今天还算是吃得多了呢。

男：我知道了，你跟你妹妹一样，爱吃零食，到吃饭的时候就吃不下了。

女：舅舅，您真了解我啊！

男：我是你舅舅嘛！对了，这次来北京有没有特别想去的地方？

女：名胜古迹我以前都去过了，这次想全面了解一下北京的胡同，为我的论文做准备。

31. 根据对话，可以知道什么？

32. 女的这次来北京特别想做什么？

第 33 到 34 题是根据下面一段对话：

女：有个事儿我想征求一下你的意见。孩子现在大了，也没那么多事了，呆在家里挺无聊的，我想开个店。

男：这当然好了！我支持你，你大概准备投资多少？

女：开始别太多，家里要留些存款，最多也就十万块钱吧。

男：你以前不是在文具店做过吗？要不开个文具店吧，你会比较熟悉。

女：我也有这个打算，我看儿子学校附近还没文具店，我想把握住这个机会。

男：那我们得制订一个计划，注册、进货、销售都要好好考虑考虑，做生意要谨慎一点儿。

女：是啊，我没做生意的经验，你可得多指导我。

33. 对于投资，男的是什么态度？

34. 女的需要男的做什么？

第 35 到 36 题是根据下面一段对话：

一家公司刚刚公布了一条招聘信息，就有很多人前来应聘。这天，又来了一位求职者，经理对他说："说实话，我们不能雇佣你，已经有许多人来应聘了，光登记他们的名字都登记不完。"这位求职者立刻开玩笑地回答："那你们公司不是还缺少一个人吗？我可以专门负责帮你们登记这些人的名字啊。"

35. 经理怎么对待这个应聘者的？

36. 这个应聘的人认为自己能做什么？

第 37 到 38 题是根据下面一段话：

各位团友，首先我代表中国南京国际旅行社对大家参加这次旅游活动表示热烈欢迎。我是旅行团的导游，我姓林，大家可以叫我小林或林导。在我身边的这位是我们的司机王师傅。在这两天里呢，将由我和王师傅为大家服务。我们一定努力使大家在"食住行游购娱"各方面都得到满意的服务。我们也希望在座的每一位团友都能够配合我们的工作，爱护车厢里的清洁卫生。

37. 说话人是谁？

38. 说话人希望大家注意什么？

第 39 到 42 题是根据下面一段话：

中国唐朝有一位大诗人叫李白，他小时候不喜欢念书，常常逃学，到街上去闲逛。一天，他又没有去上学，在街上玩儿。走着走着，走到了一间破房子前，房前坐着一个满头白发的老婆婆，正在地上磨一根粗粗的铁棒。他走过去，好奇地问："老婆婆，您在做什么？"老婆婆抬起头，笑了笑说："我要把这根铁棒磨成一根针。"说完又低下头继续干她的活。李白又问："是做衣服用的针吗？""当然！"老婆婆回答说。李白听了，更糊涂了，他说："可是，铁棒这么粗，什么时候能磨成细细的针呢？"老婆婆反问他："一滴水可以把石头滴穿个洞，只要我天天磨，我的铁棒为什么不能变成针呢？"

老婆婆的话，让李白很惭愧，于是回去之后，坚持刻苦学习，后来成了著名的诗人。

39. 李白小时候经常做什么？
40. 老婆婆为什么磨铁棒？
41. 老婆婆觉得应该怎么做？
42. 听完了老婆婆的话，李白觉得怎么样？

第 43 到 45 题是根据下面一段话：

很多游泳运动员都有这样的体会，在训练中常常要花太多的精力去记住所游的距离和圈数，或者得请专门的人员在旁边记录。目前，一名大学生发明了一种游泳镜，它能自动显示游泳者游过的距离和圈数，从而帮助游泳者集中注意力。

这种游泳镜里安装了电子设备，在它的帮助下，游泳者游过的距离和圈数的信息都将显示在游泳镜内侧的小电子屏上，游泳者可以随时观看，这样游泳者只需要集中注意力，提高自己的游泳技术就行了。

目前，这种电子设备的大小跟一块儿小石头差不多，而经过改进后，面积将和一枚一角钱的硬币一样大。游泳者戴上这种眼镜后，在游泳时就会觉得更方便。

43. 这种游泳镜记录什么？
44. 用了这种游泳镜后，运动员会怎样？
45. 将来这种电子设备的大小跟什么差不多？

听力考试现在结束。

HSK（五级）全真模拟试题（第 7 套）听力材料

（音乐，30 秒，渐弱）

大家好！欢迎参加 HSK（五级）考试。

大家好！欢迎参加 HSK（五级）考试。

大家好！欢迎参加 HSK（五级）考试。

HSK（五级）听力考试分两部分，共 45 题。

请大家注意，听力考试现在开始。

第 一 部 分

第 1 到 20 题，请选出正确答案。现在开始第 1 题：

1. 女：很快就要决赛了，你这胳膊上的伤怎么办呢？
   男：这点儿伤算什么！别担心，我自己能克服的。
   问：男的是什么意思？

2. 男：最近黄金市场太疯狂了，三天涨了百分之十！
   女：有涨就有落，你还是赶紧趁现在把手上的黄金卖了吧。
   问：根据对话，可以知道什么？

3. 女：这些项链虽然是复制品，但很有古代的风格。
   男：是啊，要不是听了解说员的讲解，我还以为是古代的真品呢！
   问：他们最可能在哪儿？

4. 男：还剩两分钟，下面我们请余经理简单概括一下大家的发言吧！
   女：大家的意见虽然很尖锐，但也很坦率。希望今后的会议都像今天一样
   实在，感谢大家，散会。
   问：关于这次会议，可以知道什么？

5. 女：你们家儿子长得真结实，小时候都吃什么了？

　　男：小时候都是姥姥帮忙照顾的，可能那时在农村，天天在外面玩儿，锻炼出来的吧。

　　问：男的的儿子为什么长得结实？

6. 男：任何电器都有寿命，您这台电视机都用了十年了，该换了。

　　女：你还是帮我修修吧，说不定还能再用个一两年呢。

　　问：女的是什么意思？

7. 女：牛仔裤、棉衣、袜子、手套都装包里了，矿泉水路上喝。哦，千万别忘了录取通知书。

　　男：妈，车快开了，您下去吧。放心吧！我一到学校立刻就给家里报平安。

　　问：男的要做什么？

8. 男：这是我个人的观点，肯定还需要补充，请你提提意见。

　　女：你已经考虑得很完美了，很多问题我以前都没想到呢。

　　问：女的是什么语气？

9. 女：我估计小偷是打碎玻璃进的房间。

　　男：有可能。你们小区好像安装了摄像头，等我们看过后也许能有答案。

　　问：男的最可能是什么人？

10. 男：张医生，又来找您了。最近我总是腰酸腿疼的。

　　女：我来看看，你这还是老毛病，没什么大问题。备半小时课就站起来活动活动，让肌肉放松放松就行了。

　　问：他们有可能是什么关系？

11. 女：这座古塔的台阶比较窄，大家慢慢上，上去后再拍照吧。

　　男：我年纪大了，不上了，我在下面帮大家看行李吧。

　　问：男的要做什么？

12. 男：钓鱼你可不是我的对手，还是认输吧。
    女：认输就认输，我从来没钓过鱼，今天的成果也算不错了。
    问：关于女的，可以知道什么？

13. 女：今天是什么日子啊？加油站还排长队？
    男：你没听说吗？明天汽油价格又要调整了，我昨天晚上就加满了。
    问：汽油价格什么时候调整？

14. 男：九月的考试是否取消了？怎么每个人都有不同的说法呢？
    女：都什么时代了？要想得到确切的消息，上网站瞧瞧不就行了？
    问：女的是什么意思？

15. 女：一上台表演，我的舌头就像不是自己的似的。
    男：面对观众肯定会紧张，尽力就行了。来，再喝口水，放松放松！
    问：关于男的，可以知道什么？

16. 男：我陆续采访了几十位老戏剧家，并把他们的演唱完整地录了下来。
    女：感谢您为中国戏剧所做的一切，这些录音对于戏剧的学习和研究太有
        帮助了！
    问：关于这些录音，下面哪项正确？

17. 女：你把广播声音开大点儿。听，摩托车和卡车相撞，两死一伤。
    男：难怪堵车堵得这么长。唉，听到这种消息总让人怪难受的。
    问：他们怎么了？

18. 男：糟糕，我又忘带零钱了，上周五借你的钱还没还呢。
    女：别着急，周三晚上不是聚会吗？到时候你再给我吧。
    问：男的什么时候借的钱？

19. 女：你说我把眉毛画淡一点儿是不是更加自然？
    男：你怎么画都好看，无论浓的淡的都很有魅力。
    问：根据对话，可以知道什么？

20. 男：保险箱是挺保险的，可万一我忘了保险锁的密码怎么办呢？

女：所以你最好把密码记在电脑里，人脑有时还不如电脑保险呢。

问：女的是什么意思？

第 二 部 分

第 21 到 45 题，请选出正确答案。现在开始第 21 题：

21. 女：我真担心月月，她一个人在国外，没人照顾她怎么办啊？

男：别操心了，那儿不是有姑姑吗？而且孩子大了，该让她闯闯了！

女：可这孩子从小就没离开过我，她又不太会和别人打交道。

男：所以你更要给她机会，让她去锻炼锻炼啊。

女：这个道理我懂，可我这做妈的，能不操心吗？

问：根据对话，下列哪项正确？

22. 女：先生，请问您对哪一种电信服务感兴趣？

男：我一年中有半年时间在国外，你觉得哪一种适合我？

女：这种就是针对您这样的特殊群体的，打国际长途能省百分之五十。

男：是吗？太好了，那我先试用半年吧。

问：这种服务有什么好处？

23. 男：请问，你们艺术中心的钢琴班什么时候开始？

女：随时可以开始。

男：一节课多少钱？

女：一节课半个小时，七十元，一对一教学。

问：关于钢琴班，可以知道什么？

24. 男：今天早上吃什么啊？

女：我刚才出去买了几个菜包，赶紧趁热吃吧，冷了就不好吃了。

男：这菜包的味道真不错，是不是张记的？

女：就是那家的，他们的包子口味很独特，每次都要排队等呢。

问：张记的菜包怎么样？

25. 女：您好，请问李工程师在吗？
    男：她在休息呢，我是她先生。请问您有急事吗？
    女：没什么急事，我姓李，是她老同学，麻烦您转告她我来南京了。
    男：好的，她一醒我就转告她。
    问：女的请男的做什么？

26. 男：我刚才重复了一遍，现在你清楚了吗？
    女：这个成语太抽象了，我还是不太理解。
    男：不要紧，我给你看一段动画，你就明白了。
    女：原来是这样啊！还是动画生动，一看就清楚了。
    问：男的是怎么让女的明白的？

27. 女：这种豪华游船价钱不贵，服务特别高级，吃和住都不错。
    男：与其坐船，不如坐飞机，几个小时就到。
    女：两种感觉是完全不同的！
    男：要不先别签合同，我把资料带回去，征求一下儿子的意见吧。
    问：他们可能在哪儿？

28. 男：姑娘，你们店里中午有馒头卖吗？
    女：老人家，当然有啊！
    男：我买两个。对了，人民医院是不是就在这附近啊？
    女：你看到前面那个花店吗？向右拐个弯就到了。
    问：关于男的，下列哪项正确？

29. 女：这车怎么开得歪歪斜斜的？看，闯红灯了。
    男：我估计车主喝醉了，万一撞到人就坏了。
    女：唉呀，车撞到树上了。
    男：我来打122，让交通警察来处理。
    问：男的准备做什么？

30. 男：这部电影让我想起了我第一次牵你手时的情景。

女：是啊，电影拍得很真实，把我带回了那个年代。

男：现代社会，那样单纯的爱情可能只能在电影里找了。

女：也不见得，大部分人的爱情还是很单纯的，只是社会更复杂了。

问：根据对话，可以知道什么？

第 31 到 32 题是根据下面一段对话：

男：你好，我是过来办理保险的。

女：您请坐，请稍等一下。请问您贵姓？

男：我姓章，文章的章。

女：章先生，哦，找到了！您是约了今天过来办少儿万能险的。

男：对啊，我一直是向牛经理买保险的，他跟我约了这个时间见。

女：牛经理现在正在跟一位客户谈话，十分钟就好，您先坐会儿。

男：好的，谢谢！

女：那边有咖啡和茶，您随便用。旁边还有些杂志，您可以看看。

31. 男的来这儿做什么？

32. 根据对话，可以知道什么？

第 33 到 34 题是根据下面一段对话：

女：你现在能看懂英文电影了？真厉害。

男：哪儿啊，还没那水平呢。你看，下面有中文字幕。

女：你不是打算出国读研究生吗？你应该利用看电影的机会练英语啊。

男：对啊，我现在的听力提高了不少呢。

女：我也是啊，可我尽量控制自己不去看字幕，实在不明白再看一眼。

男：一边听一边看字幕，也可以学不少新词呢。

女：这我同意，不过要想提高听力，我建议你还是把字幕去掉。

33. 男的为什么能看懂英文电影？

34. 女的建议男的做什么？

第 35 到 36 题是根据下面一段对话：

老师请每个同学说一个故事，然后讲一讲这个故事给人的教训。王可说："我爷爷在第二次世界战争时是开飞机的，有一次他的飞机被敌人打中，他跳出飞机降落在一个小岛上，身边只有一小瓶白酒。他在岛上碰到了一群敌人，他喝下那瓶酒，然后把敌人都打跑了。"老师听了说："你爷爷真是了不起！可这个故事给人的教训是什么呢？"王可说："教训就是，我爷爷喝酒的时候最好不要打扰他！"

35．关于王可的爷爷，下面哪项是正确的？
36．老师觉得爷爷怎么样？

第 37 到 38 题是根据下面一段话：

受冷空气和热带系统的影响，未来三天，海南大部分地区仍然有持续的强降水天气，其中东部和南部雨量较大。15 至 16 日，受补充南下的冷空气影响，内蒙古中东部、东北、华北北部等地气温将先后下降 4 到 8 度，以上大部分地区同时会有 4 到 6 级大风。16 日起，又有一股冷空气会从西向东影响以上地区，这些地区温度将继续下降 3 到 4 度。

37．海南大部分地区为什么雨量大？
38．华北地区最近天气怎么样？

第 39 到 42 题是根据下面一段话：

从前有个人叫杨子，他隔壁的邻居是个放羊的。有一天，邻居来找他，请他派出几个学生，帮他找丢失的羊。杨子说："才丢了一只羊，何必要这么多人去找呢？"邻居说："山里面小路多，人少了可能分配不过来。"杨子觉得这话有道理，就派了自己的几个学生帮邻居找。邻居带大家从放羊时经过的大路走，一遇到小路就派一个人去寻找。没过多久，他带去的人都用完了，剩下那邻居一人走大路。可是没走多远，前面又出现了小路。他只能选择了一条，走着走着，前面又有小路。眼看天都黑了，他还是没找到羊，无奈只好往回走。路上碰到其他找羊的人也说自己遇到了同样的困难。

杨子听了大家的话，叹了口气对学生们说道："从这件事我想到，追求真

— 230 —

理也同这种情况一样，一旦失去了方向，很可能最后什么也得不到啊！"

39. 杨子是什么人？
40. 杨子的邻居请他做什么？
41. 路上发生了什么事？
42. 根据这段话，可以知道什么？

第 43 到 45 题是根据下面一段话：

生活中常会出现这样的情景，坐在沙发上想看电视，找了半天却找不到电视遥控器；或者找到了电视遥控器，却找不到网络电视盒的遥控器；也可能这两个都找到了，却找不到 DVD 的遥控器。这些遥控器，常常被我们用后就随手乱扔。

有个人也常遇到这样的事，他最后决定去买个装遥控器的盒子。可他发现了一个问题，市场上卖的盒子有专门装纸巾的，也有专门装遥控器的，但却没有把纸巾和装遥控器装在一起的盒子。这样，他家沙发前的小桌子上就得摆两个盒子，占去了很大一块面积。

于是，他设计了一种可以同时装纸巾和遥控器的盒子，很实用，价格也不高，一上市就很受欢迎。

43. 生活中常发生什么事？
44. 这个人在市场上发现了什么问题？
45. 他发明的盒子怎么样？

听力考试现在结束。

HSK（五级）全真模拟试题（第 8 套）听力材料

（音乐，30 秒，渐弱）

大家好！欢迎参加 HSK（五级）考试。
大家好！欢迎参加 HSK（五级）考试。
大家好！欢迎参加 HSK（五级）考试。

HSK（五级）听力考试分两部分，共 45 题。
请大家注意，听力考试现在开始。

第 一 部 分

第 1 到 20 题，请选出正确答案。现在开始第 1 题：

1. 女：你现在怎么不开车上班了？
   男：地铁不是通了吗？我家门口就有车站，方便得很。
   问：男的现在怎么上班？

2. 男：我们每次出来吃饭，你好像从来不点鱼，不喜欢吗？
   女：不是不喜欢，而是我一吃鱼就过敏。
   问：女的为什么不吃鱼？

3. 女：你看隔壁那一对儿又吵架了，我要不要过去劝劝他们？
   男：两口子吵架不是很正常的吗？你就别瞎操心了。
   问：男的是什么意思？

4. 男：我们系排球队在学校组织的排球比赛中获得了冠军。
   女：真的吗？你们系的排球原来不是挺弱的吗？
   问：女的是什么语气？

5. 女：三点的班主任会议，是不是说选举的事儿？
   男：这个会由心理健康学会的张主席主持，要讲学生的心理健康问题。
   问：关于下午的会，哪项是正确的？

6. 男：我想买两张 16 号晚上去北京的火车票。
   女：16 号的票卖光了，17 号的可以吗？
   问：女的可能是做什么的？

7. 女：怎么开这么慢啊，你可是老司机了，还担心自己的技术不好啊？
   男：生命最宝贵，还是慢点儿好。
   问：关于男的，可以知道什么？

8. 男：简直太精彩了，这么多人一起看决赛，气氛多好啊！
   女：我倒宁可回家坐在沙发上一边吃零食一边看。
   问：他们可能在哪儿？

9. 女：最近那个《春天的故事》你在看吗？
   男：里面的角色我不喜欢，我太太倒是天天坐在电视机前看。
   问：他们在谈论什么？

10. 男：搬到这里来已经两个多月了，但我还是不习惯。
    女：虽然你在这儿没有朋友，但毕竟可以跟儿子住在一起啊。
    问：根据对话，下面哪项正确？

11. 女：我现在什么也想不起来，怎么办啊？
    男：我第一次给别人开讲座时也这样，你出去走走，放松一下就好了。
    问：关于女的，可以知道什么？

12. 男：小刚是个聪明孩子，可惜交了几个不太好的朋友。
    女：我觉得他今天变成这样，是由于父母的教育不正确造成的。
    问：女的觉得，谁应该负责任？

13. 女：谢谢你来参加我们的新产品介绍会。
　　男：贵公司这些新产品都很有创意，我觉得自己学到了很多东西。
　　问：男的是什么意思？

14. 男：家里还有牛奶呢，你又买这么多干什么？
　　女：我听说用牛奶洗脸对皮肤特别好，想买点儿试试。
　　问：女的为什么要买牛奶？

15. 女：对不起，您闯红灯了，请给我看看您的驾驶执照。
　　男：真对不起，我今天有点儿头疼，注意力不太集中。
　　问：他们是什么关系？

16. 男：这次的"西部之行"摄影展哪天举行？
　　女：原计划是星期三，但因为天气的缘故，推迟到星期五了。
　　问：摄影展哪天举行？

17. 女：你的键盘上脏死了，我擦了二十分钟了还没擦干净呢。
　　男：别生气，我以后不在电脑旁边吃东西了。
　　问：女的正在干什么？

18. 男：说下雪就下雪，预报还挺准的。
　　女：南北方气候就是不一样，在我们昆明现在还温暖如春呢。
　　问：现在可能是什么季节？

19. 女：我最近总是头疼，肩膀和背也不舒服，我是不是得了什么重病？
　　男：别胡说，你主要是最近太累了，好好休息一下就会好的。
　　问：根据对话可以知道什么？

20. 男：快，马上就要到山顶了，你看，秋天的景色多美啊，像一幅画儿
　　　一样。
　　女：我实在爬不动了，你来扶我一下吧。
　　问：他们正在做什么？

第 二 部 分

第 21 到 45 题，请选出正确答案。现在开始第 21 题：

21. 女：回来啦，我让你买的醋买了吗？
    男：你是我们家的领导，你交给我的任务我肯定要完成。
    女：态度很好，我决定晚饭做你最喜欢的菜。
    男：哈哈，肯定是糖醋鱼吧。
    女：对，你先去洗个澡，半个小时后就开饭了。
    问：女的现在让男的干什么？

22. 男：阳阳，今天妈妈带你去哪儿玩儿了？
    女：我不告诉你，你猜猜看？
    男：我猜，你们去看熊猫、大象，还有可怕的大灰狼，对不对？
    女：对啦，我还给它们喂食物了呢。
    问：女的今天去哪儿了？

23. 女：你说我们这次年假是去南方还是北方呢？
    男：北方这个时候正是冬天，还是去南方吧，那儿暖和。
    女：那我们就去海南吧，躺在沙滩上晒太阳，肯定舒服极了。
    男：好，那我先上网预订机票和宾馆。
    问：他们在讨论什么？

24. 男：您好，我想要一个明天晚上的包间，大概十人左右。
    女：好的，明天大概几点来？是现在点菜还是明天点？
    男：大概六点半吧，明天到了以后再点菜。
    女：好的，请您留个电话，我们的房间将为您保留到七点。
    问：男的在干什么？

25. 女：为什么中国人常说"我的水平不太好""我不行"这样的话？
　　男：这只是一种谦虚的说法，中国人习惯这样的表达方式。
　　女：假如我说"我的水平相当高"，合适吗？
　　男：可以是可以，但会显得很骄傲。
　　问：在中国，人们习惯用什么样的表达方式？

26. 男：孩子这么小你就给他讲故事，他能听懂吗？
　　女：你可别轻视孩子，他们的智慧超过我们的想象。
　　男：十个月大的孩子哪儿有那么厉害？
　　女：再说，能不能听懂不重要，重要的是培养他看书的兴趣。
　　问：女的是什么意思？

27. 女：这次实验又没做成功！
　　男：只是技术上出了一点点问题，下次注意就行了。
　　女：搞了这么多次，我都已经快没信心了。
　　男：别这样想，"失败是成功之母"，爱迪生发明一种电池前，失败了八千多次呢。
　　问：男的是什么意思？

28. 男：你的书快要写完了吧？不是说年底就能出版吗？
　　女：唉，没那么快，内容修改了一些，目录也做了调整，所以还要推迟一段时间。
　　男：别着急，慢工出细活儿！
　　女：我也常用这句话来安慰自己。
　　问：通过对话，哪项是正确的？

29. 女：你看，刚看了一会儿就来广告了。
　　男：我们就趁广告时间让眼睛休息休息吧。
　　女：但是广告也实在太多了。
　　男：是啊，有时候看到最精彩的地方突然放广告，真让人受不了。
　　问：女的不能忍受什么？

30. 男：你觉得这款冰箱怎么样？
　　女：客观地说，我觉得样子太丑了，上下两部分比例不协调。
　　男：但是这种冰箱特别省电。
　　女：我觉得漂亮最重要，其次才是省不省电，因为现在的冰箱也是一种装
　　　　饰品。
　　问：女的认为买冰箱什么最重要？

第 31 到 32 题是根据下面一段对话：

　　女：这个城市多好啊，一年四季温暖如春。
　　男：我觉得它也很现代化，生活很方便。
　　女：另外，这儿的人很会吃，很会享受生活。
　　男：是啊，小饭店的菜也做得又好看又好吃。
　　女：我唯一不喜欢的是，这儿的人说话好像舌头伸不直似的。
　　男：我刚开始也不习惯，但时间一长，觉得还挺好听的。
　　女：你在这儿生活几年了？
　　男：七八年了。

31. 女的为什么喜欢这个城市？
32. 关于男的，可以知道什么？

第 33 到 34 题是根据下面一段对话：

　　女：请问，您打太极拳多少年了？
　　男：六十岁开始，已经十年了。
　　女：您是怎么想起练习太极拳的？
　　男：以前我身体不太好，大夫建议我多打打太极拳。
　　女：练了太极拳，您最大的收获是什么？
　　男：原来我常发脾气，自从打了太极拳，我的性格变好了很多。
　　女：那我祝您身体越来越棒。
　　男：谢谢你。

33. 男的练习太极拳多长时间了？
34. 太极拳给男的带来的最大的改变是什么？

第 35 到 36 题是根据下面一段对话：

作家毛姆在刚刚发表小说时，没有什么名气，所以他的作品卖得不太好。为了吸引大家买他的小说，毛姆在报纸上登了一则广告："我是年轻而英俊的百万富翁，现在还没有结婚，很想寻找一位合适的女士做妻子，她必须跟毛姆小说中的那个女孩儿差不多。"广告登出去后，毛姆的小说一下子全都卖出去了。

35．毛姆为什么登广告？

36．关于毛姆，哪一项是正确的？

第 37 到 38 题是根据下面一段话：

顾客朋友们请注意，现在广播找人，一个两岁女孩儿三点十分左右在二楼儿童服装部走失。该女孩儿身高大约 85 厘米，皮肤比较白，头上戴着两个红色的卡子，身穿紫色上衣、白色裤子，脚上穿着一双黑色皮鞋。如有人看到，请把孩子带到五楼广播室，非常感谢您的配合。

37．在哪儿可以听到这段话？

38．关于这个女孩儿，可以知道什么？

第 39 到 42 题是根据下面一段话：

从前，有个叫乐广的人，一天，他请一位朋友到家里喝酒。那位朋友拿起酒杯，忽然看见酒杯里有一条小蛇，他心里觉得很害怕，但为了礼貌还是把酒喝了下去。可是回家后，他越想越觉得恐怖，很快就病倒了。

乐广听说朋友病了，特意去看他。他发现几天没见，朋友变了很多，人显得很没精神。当他得知朋友生病的原因后，乐广感到很奇怪："酒杯里怎么会有小蛇呢？这是绝对不可能的。"为了搞清真相，乐广回到家里便坐在那位朋友曾经坐过的位置上，往杯子里倒满酒。突然，他看到了酒杯中的小蛇——原来是挂在墙上的、形状像蛇的装饰品照在酒里的影子。

于是，乐广赶紧向朋友说明了原因，那位朋友的病很快就好了。

39. 乐广的朋友喝酒的时候发现了什么？

40. 朋友回到家后怎么了？

41. 看过朋友后，乐广决定做什么？

42. 关于杯子里的"蛇"，哪一项是正确的？

第 43 到 45 题是根据下面一段话：

　　一家矿泉水公司登在杂志上的广告全是黑白的，他们绝对不做彩色广告。这是为什么呢？原来他们发现，现在的杂志里全是彩色图片。如果他们也把广告做成彩色的，夹在众多广告中间，很难被发现，于是，他们做起了黑白广告。这个想法果然收到了很好的效果，读者拿起一本杂志，在一片五颜六色的彩图中，突然发现一页朴素大气的黑白广告，那种感觉就像在繁华的城市里，突然发现了一块安静的地方，感觉十分舒服，自然也会对那张图片格外注意。久而久之，这种广告形式不但深受消费者的喜爱，而且成为了广告文化的一部分。

43. 关于彩色广告，哪种说法是正确的？

44. 在杂志中看到黑白广告，让人觉得怎么样？

45. 消费者对黑白广告是什么态度？

听力考试现在结束。

memo

汉语水平考试 HSK（五 级）答题卡

■ ■ 请填写考生信息 ■ ■ ─── 请填写考点信息 ───

按照考试证件上的姓名填写：

姓名

如果有中文姓名，请填写：

中文姓名

考点代码	[0] [1] [2] [3] [4] [5] [6] [7] [8] [9]
	[0] [1] [2] [3] [4] [5] [6] [7] [8] [9]
	[0] [1] [2] [3] [4] [5] [6] [7] [8] [9]
	[0] [1] [2] [3] [4] [5] [6] [7] [8] [9]
	[0] [1] [2] [3] [4] [5] [6] [7] [8] [9]
	[0] [1] [2] [3] [4] [5] [6] [7] [8] [9]
	[0] [1] [2] [3] [4] [5] [6] [7] [8] [9]

国籍	[0] [1] [2] [3] [4] [5] [6] [7] [8] [9]
	[0] [1] [2] [3] [4] [5] [6] [7] [8] [9]
	[0] [1] [2] [3] [4] [5] [6] [7] [8] [9]

考生序号	[0] [1] [2] [3] [4] [5] [6] [7] [8] [9]
	[0] [1] [2] [3] [4] [5] [6] [7] [8] [9]
	[0] [1] [2] [3] [4] [5] [6] [7] [8] [9]
	[0] [1] [2] [3] [4] [5] [6] [7] [8] [9]
	[0] [1] [2] [3] [4] [5] [6] [7] [8] [9]

| 年龄 | [0] [1] [2] [3] [4] [5] [6] [7] [8] [9] |
| | [0] [1] [2] [3] [4] [5] [6] [7] [8] [9] |

| 性别 | 男 [1] | 女 [2] |

注意 请用2B铅笔这样写：■■

一、听力

1. [A] [B] [C] [D]   6. [A] [B] [C] [D]   11. [A] [B] [C] [D]   16. [A] [B] [C] [D]   21. [A] [B] [C] [D]
2. [A] [B] [C] [D]   7. [A] [B] [C] [D]   12. [A] [B] [C] [D]   17. [A] [B] [C] [D]   22. [A] [B] [C] [D]
3. [A] [B] [C] [D]   8. [A] [B] [C] [D]   13. [A] [B] [C] [D]   18. [A] [B] [C] [D]   23. [A] [B] [C] [D]
4. [A] [B] [C] [D]   9. [A] [B] [C] [D]   14. [A] [B] [C] [D]   19. [A] [B] [C] [D]   24. [A] [B] [C] [D]
5. [A] [B] [C] [D]   10. [A] [B] [C] [D]   15. [A] [B] [C] [D]   20. [A] [B] [C] [D]   25. [A] [B] [C] [D]

26. [A] [B] [C] [D]   31. [A] [B] [C] [D]   36. [A] [B] [C] [D]   41. [A] [B] [C] [D]
27. [A] [B] [C] [D]   32. [A] [B] [C] [D]   37. [A] [B] [C] [D]   42. [A] [B] [C] [D]
28. [A] [B] [C] [D]   33. [A] [B] [C] [D]   38. [A] [B] [C] [D]   43. [A] [B] [C] [D]
29. [A] [B] [C] [D]   34. [A] [B] [C] [D]   39. [A] [B] [C] [D]   44. [A] [B] [C] [D]
30. [A] [B] [C] [D]   35. [A] [B] [C] [D]   40. [A] [B] [C] [D]   45. [A] [B] [C] [D]

二、阅读

46. [A] [B] [C] [D]   51. [A] [B] [C] [D]   56. [A] [B] [C] [D]   61. [A] [B] [C] [D]   66. [A] [B] [C] [D]
47. [A] [B] [C] [D]   52. [A] [B] [C] [D]   57. [A] [B] [C] [D]   62. [A] [B] [C] [D]   67. [A] [B] [C] [D]
48. [A] [B] [C] [D]   53. [A] [B] [C] [D]   58. [A] [B] [C] [D]   63. [A] [B] [C] [D]   68. [A] [B] [C] [D]
49. [A] [B] [C] [D]   54. [A] [B] [C] [D]   59. [A] [B] [C] [D]   64. [A] [B] [C] [D]   69. [A] [B] [C] [D]
50. [A] [B] [C] [D]   55. [A] [B] [C] [D]   60. [A] [B] [C] [D]   65. [A] [B] [C] [D]   70. [A] [B] [C] [D]

71. [A] [B] [C] [D]   76. [A] [B] [C] [D]   81. [A] [B] [C] [D]   86. [A] [B] [C] [D]
72. [A] [B] [C] [D]   77. [A] [B] [C] [D]   82. [A] [B] [C] [D]   87. [A] [B] [C] [D]
73. [A] [B] [C] [D]   78. [A] [B] [C] [D]   83. [A] [B] [C] [D]   88. [A] [B] [C] [D]
74. [A] [B] [C] [D]   79. [A] [B] [C] [D]   84. [A] [B] [C] [D]   89. [A] [B] [C] [D]
75. [A] [B] [C] [D]   80. [A] [B] [C] [D]   85. [A] [B] [C] [D]   90. [A] [B] [C] [D]

三、书写

91.

92.

93.

94.

95.
96.
97.
98.

99.

100.

汉 语 水 平 考 试 ■ HSK (五 级) 答 题 卡 ■

── 请填写考生信息 ──

照考试证件上的姓名填写:

姓名

果有中文姓名，请填写:

中文姓名

考生序号
[0] [1] [2] [3] [4] [5] [6] [7] [8] [9]
[0] [1] [2] [3] [4] [5] [6] [7] [8] [9]
[0] [1] [2] [3] [4] [5] [6] [7] [8] [9]
[0] [1] [2] [3] [4] [5] [6] [7] [8] [9]
[0] [1] [2] [3] [4] [5] [6] [7] [8] [9]

── 请填写考点信息 ──

考点代码
[0] [1] [2] [3] [4] [5] [6] [7] [8] [9]
[0] [1] [2] [3] [4] [5] [6] [7] [8] [9]
[0] [1] [2] [3] [4] [5] [6] [7] [8] [9]
[0] [1] [2] [3] [4] [5] [6] [7] [8] [9]
[0] [1] [2] [3] [4] [5] [6] [7] [8] [9]
[0] [1] [2] [3] [4] [5] [6] [7] [8] [9]
[0] [1] [2] [3] [4] [5] [6] [7] [8] [9]

国籍
[0] [1] [2] [3] [4] [5] [6] [7] [8] [9]
[0] [1] [2] [3] [4] [5] [6] [7] [8] [9]
[0] [1] [2] [3] [4] [5] [6] [7] [8] [9]

年龄
[0] [1] [2] [3] [4] [5] [6] [7] [8] [9]
[0] [1] [2] [3] [4] [5] [6] [7] [8] [9]

性别   男 [1]   女 [2]

注意 | 请用 2B 铅笔这样写: ■

一、听力

1. [A] [B] [C] [D]   6. [A] [B] [C] [D]   11. [A] [B] [C] [D]   16. [A] [B] [C] [D]   21. [A] [B] [C] [D]
2. [A] [B] [C] [D]   7. [A] [B] [C] [D]   12. [A] [B] [C] [D]   17. [A] [B] [C] [D]   22. [A] [B] [C] [D]
3. [A] [B] [C] [D]   8. [A] [B] [C] [D]   13. [A] [B] [C] [D]   18. [A] [B] [C] [D]   23. [A] [B] [C] [D]
4. [A] [B] [C] [D]   9. [A] [B] [C] [D]   14. [A] [B] [C] [D]   19. [A] [B] [C] [D]   24. [A] [B] [C] [D]
5. [A] [B] [C] [D]   10. [A] [B] [C] [D]   15. [A] [B] [C] [D]   20. [A] [B] [C] [D]   25. [A] [B] [C] [D]

6. [A] [B] [C] [D]   31. [A] [B] [C] [D]   36. [A] [B] [C] [D]   41. [A] [B] [C] [D]
7. [A] [B] [C] [D]   32. [A] [B] [C] [D]   37. [A] [B] [C] [D]   42. [A] [B] [C] [D]
8. [A] [B] [C] [D]   33. [A] [B] [C] [D]   38. [A] [B] [C] [D]   43. [A] [B] [C] [D]
9. [A] [B] [C] [D]   34. [A] [B] [C] [D]   39. [A] [B] [C] [D]   44. [A] [B] [C] [D]
0. [A] [B] [C] [D]   35. [A] [B] [C] [D]   40. [A] [B] [C] [D]   45. [A] [B] [C] [D]

二、阅读

6. [A] [B] [C] [D]   51. [A] [B] [C] [D]   56. [A] [B] [C] [D]   61. [A] [B] [C] [D]   66. [A] [B] [C] [D]
7. [A] [B] [C] [D]   52. [A] [B] [C] [D]   57. [A] [B] [C] [D]   62. [A] [B] [C] [D]   67. [A] [B] [C] [D]
8. [A] [B] [C] [D]   53. [A] [B] [C] [D]   58. [A] [B] [C] [D]   63. [A] [B] [C] [D]   68. [A] [B] [C] [D]
9. [A] [B] [C] [D]   54. [A] [B] [C] [D]   59. [A] [B] [C] [D]   64. [A] [B] [C] [D]   69. [A] [B] [C] [D]
0. [A] [B] [C] [D]   55. [A] [B] [C] [D]   60. [A] [B] [C] [D]   65. [A] [B] [C] [D]   70. [A] [B] [C] [D]

1. [A] [B] [C] [D]   76. [A] [B] [C] [D]   81. [A] [B] [C] [D]   86. [A] [B] [C] [D]
2. [A] [B] [C] [D]   77. [A] [B] [C] [D]   82. [A] [B] [C] [D]   87. [A] [B] [C] [D]
3. [A] [B] [C] [D]   78. [A] [B] [C] [D]   83. [A] [B] [C] [D]   88. [A] [B] [C] [D]
4. [A] [B] [C] [D]   79. [A] [B] [C] [D]   84. [A] [B] [C] [D]   89. [A] [B] [C] [D]
5. [A] [B] [C] [D]   80. [A] [B] [C] [D]   85. [A] [B] [C] [D]   90. [A] [B] [C] [D]

三、书写

1.

2.

3.

4.

95. _____

96. _____

97. _____

98. _____

99.

100.

汉语水平考试 HSK（五　级）答题卡 ■

一、听力

1. [A] [B] [C] [D] 6. [A] [B] [C] [D] 11. [A] [B] [C] [D] 16. [A] [B] [C] [D] 21. [A] [B] [C] [D]
2. [A] [B] [C] [D] 7. [A] [B] [C] [D] 12. [A] [B] [C] [D] 17. [A] [B] [C] [D] 22. [A] [B] [C] [D]
3. [A] [B] [C] [D] 8. [A] [B] [C] [D] 13. [A] [B] [C] [D] 18. [A] [B] [C] [D] 23. [A] [B] [C] [D]
4. [A] [B] [C] [D] 9. [A] [B] [C] [D] 14. [A] [B] [C] [D] 19. [A] [B] [C] [D] 24. [A] [B] [C] [D]
5. [A] [B] [C] [D] 10. [A] [B] [C] [D] 15. [A] [B] [C] [D] 20. [A] [B] [C] [D] 25. [A] [B] [C] [D]

6. [A] [B] [C] [D] 31. [A] [B] [C] [D] 36. [A] [B] [C] [D] 41. [A] [B] [C] [D]
7. [A] [B] [C] [D] 32. [A] [B] [C] [D] 37. [A] [B] [C] [D] 42. [A] [B] [C] [D]
8. [A] [B] [C] [D] 33. [A] [B] [C] [D] 38. [A] [B] [C] [D] 43. [A] [B] [C] [D]
9. [A] [B] [C] [D] 34. [A] [B] [C] [D] 39. [A] [B] [C] [D] 44. [A] [B] [C] [D]
0. [A] [B] [C] [D] 35. [A] [B] [C] [D] 40. [A] [B] [C] [D] 45. [A] [B] [C] [D]

二、阅读

6. [A] [B] [C] [D] 51. [A] [B] [C] [D] 56. [A] [B] [C] [D] 61. [A] [B] [C] [D] 66. [A] [B] [C] [D]
7. [A] [B] [C] [D] 52. [A] [B] [C] [D] 57. [A] [B] [C] [D] 62. [A] [B] [C] [D] 67. [A] [B] [C] [D]
8. [A] [B] [C] [D] 53. [A] [B] [C] [D] 58. [A] [B] [C] [D] 63. [A] [B] [C] [D] 68. [A] [B] [C] [D]
9. [A] [B] [C] [D] 54. [A] [B] [C] [D] 59. [A] [B] [C] [D] 64. [A] [B] [C] [D] 69. [A] [B] [C] [D]
0. [A] [B] [C] [D] 55. [A] [B] [C] [D] 60. [A] [B] [C] [D] 65. [A] [B] [C] [D] 70. [A] [B] [C] [D]

1. [A] [B] [C] [D] 76. [A] [B] [C] [D] 81. [A] [B] [C] [D] 86. [A] [B] [C] [D]
2. [A] [B] [C] [D] 77. [A] [B] [C] [D] 82. [A] [B] [C] [D] 87. [A] [B] [C] [D]
3. [A] [B] [C] [D] 78. [A] [B] [C] [D] 83. [A] [B] [C] [D] 88. [A] [B] [C] [D]
4. [A] [B] [C] [D] 79. [A] [B] [C] [D] 84. [A] [B] [C] [D] 89. [A] [B] [C] [D]
5. [A] [B] [C] [D] 80. [A] [B] [C] [D] 85. [A] [B] [C] [D] 90. [A] [B] [C] [D]

三、书写

1.

2.

3.

4.

95. _____
_____
96. _____
_____
97. _____
_____
98. _____
_____

99.

100.

汉 语 水 平 考 试　HSK（五 级）答 题 卡 ■

—— 请填写考生信息 ——

按照考试证件上的姓名填写：

姓名

如果有中文姓名，请填写：

中文姓名

考生序号

[0] [1] [2] [3] [4] [5] [6] [7] [8] [9]
[0] [1] [2] [3] [4] [5] [6] [7] [8] [9]
[0] [1] [2] [3] [4] [5] [6] [7] [8] [9]
[0] [1] [2] [3] [4] [5] [6] [7] [8] [9]
[0] [1] [2] [3] [4] [5] [6] [7] [8] [9]

—— 请填写考点信息 ——

考点代码

[0] [1] [2] [3] [4] [5] [6] [7] [8] [9]
[0] [1] [2] [3] [4] [5] [6] [7] [8] [9]
[0] [1] [2] [3] [4] [5] [6] [7] [8] [9]
[0] [1] [2] [3] [4] [5] [6] [7] [8] [9]
[0] [1] [2] [3] [4] [5] [6] [7] [8] [9]
[0] [1] [2] [3] [4] [5] [6] [7] [8] [9]

国籍

[0] [1] [2] [3] [4] [5] [6] [7] [8] [9]
[0] [1] [2] [3] [4] [5] [6] [7] [8] [9]
[0] [1] [2] [3] [4] [5] [6] [7] [8] [9]

年龄

[0] [1] [2] [3] [4] [5] [6] [7] [8] [9]
[0] [1] [2] [3] [4] [5] [6] [7] [8] [9]

性别　　　男 [1]　　　　　女 [2]

注意　　请用2B铅笔这样写：■

一、听力

1. [A] [B] [C] [D]
2. [A] [B] [C] [D]
3. [A] [B] [C] [D]
4. [A] [B] [C] [D]
5. [A] [B] [C] [D]

6. [A] [B] [C] [D]
7. [A] [B] [C] [D]
8. [A] [B] [C] [D]
9. [A] [B] [C] [D]
10. [A] [B] [C] [D]

11. [A] [B] [C] [D]
12. [A] [B] [C] [D]
13. [A] [B] [C] [D]
14. [A] [B] [C] [D]
15. [A] [B] [C] [D]

16. [A] [B] [C] [D]
17. [A] [B] [C] [D]
18. [A] [B] [C] [D]
19. [A] [B] [C] [D]
20. [A] [B] [C] [D]

21. [A] [B] [C] [D]
22. [A] [B] [C] [D]
23. [A] [B] [C] [D]
24. [A] [B] [C] [D]
25. [A] [B] [C] [D]

26. [A] [B] [C] [D]
27. [A] [B] [C] [D]
28. [A] [B] [C] [D]
29. [A] [B] [C] [D]
30. [A] [B] [C] [D]

31. [A] [B] [C] [D]
32. [A] [B] [C] [D]
33. [A] [B] [C] [D]
34. [A] [B] [C] [D]
35. [A] [B] [C] [D]

36. [A] [B] [C] [D]
37. [A] [B] [C] [D]
38. [A] [B] [C] [D]
39. [A] [B] [C] [D]
40. [A] [B] [C] [D]

41. [A] [B] [C] [D]
42. [A] [B] [C] [D]
43. [A] [B] [C] [D]
44. [A] [B] [C] [D]
45. [A] [B] [C] [D]

二、阅读

46. [A] [B] [C] [D]
47. [A] [B] [C] [D]
48. [A] [B] [C] [D]
49. [A] [B] [C] [D]
50. [A] [B] [C] [D]

51. [A] [B] [C] [D]
52. [A] [B] [C] [D]
53. [A] [B] [C] [D]
54. [A] [B] [C] [D]
55. [A] [B] [C] [D]

56. [A] [B] [C] [D]
57. [A] [B] [C] [D]
58. [A] [B] [C] [D]
59. [A] [B] [C] [D]
60. [A] [B] [C] [D]

61. [A] [B] [C] [D]
62. [A] [B] [C] [D]
63. [A] [B] [C] [D]
64. [A] [B] [C] [D]
65. [A] [B] [C] [D]

66. [A] [B] [C] [D]
67. [A] [B] [C] [D]
68. [A] [B] [C] [D]
69. [A] [B] [C] [D]
70. [A] [B] [C] [D]

71. [A] [B] [C] [D]
72. [A] [B] [C] [D]
73. [A] [B] [C] [D]
74. [A] [B] [C] [D]
75. [A] [B] [C] [D]

76. [A] [B] [C] [D]
77. [A] [B] [C] [D]
78. [A] [B] [C] [D]
79. [A] [B] [C] [D]
80. [A] [B] [C] [D]

81. [A] [B] [C] [D]
82. [A] [B] [C] [D]
83. [A] [B] [C] [D]
84. [A] [B] [C] [D]
85. [A] [B] [C] [D]

86. [A] [B] [C] [D]
87. [A] [B] [C] [D]
88. [A] [B] [C] [D]
89. [A] [B] [C] [D]
90. [A] [B] [C] [D]

三、书写

91.

92.

93.

94.

95. _____

96. _____

97. _____

98. _____

99.

100.

汉语水平考试 HSK（五级）答题卡

—— 请填写考生信息 ——

按照考试证件上的姓名填写：

姓名

如果有中文姓名，请填写：

中文姓名

考生序号

[0] [1] [2] [3] [4] [5] [6] [7] [8] [9]
[0] [1] [2] [3] [4] [5] [6] [7] [8] [9]
[0] [1] [2] [3] [4] [5] [6] [7] [8] [9]
[0] [1] [2] [3] [4] [5] [6] [7] [8] [9]
[0] [1] [2] [3] [4] [5] [6] [7] [8] [9]

—— 请填写考点信息 ——

考点代码

[0] [1] [2] [3] [4] [5] [6] [7] [8] [9]
[0] [1] [2] [3] [4] [5] [6] [7] [8] [9]
[0] [1] [2] [3] [4] [5] [6] [7] [8] [9]
[0] [1] [2] [3] [4] [5] [6] [7] [8] [9]
[0] [1] [2] [3] [4] [5] [6] [7] [8] [9]
[0] [1] [2] [3] [4] [5] [6] [7] [8] [9]
[0] [1] [2] [3] [4] [5] [6] [7] [8] [9]

国籍

[0] [1] [2] [3] [4] [5] [6] [7] [8] [9]
[0] [1] [2] [3] [4] [5] [6] [7] [8] [9]
[0] [1] [2] [3] [4] [5] [6] [7] [8] [9]

年龄

[0] [1] [2] [3] [4] [5] [6] [7] [8] [9]
[0] [1] [2] [3] [4] [5] [6] [7] [8] [9]

性别　　男 [1]　　　女 [2]

注意　请用2B铅笔这样写：■

一、听力

1. [A] [B] [C] [D]
2. [A] [B] [C] [D]
3. [A] [B] [C] [D]
4. [A] [B] [C] [D]
5. [A] [B] [C] [D]

6. [A] [B] [C] [D]
7. [A] [B] [C] [D]
8. [A] [B] [C] [D]
9. [A] [B] [C] [D]
10. [A] [B] [C] [D]

11. [A] [B] [C] [D]
12. [A] [B] [C] [D]
13. [A] [B] [C] [D]
14. [A] [B] [C] [D]
15. [A] [B] [C] [D]

16. [A] [B] [C] [D]
17. [A] [B] [C] [D]
18. [A] [B] [C] [D]
19. [A] [B] [C] [D]
20. [A] [B] [C] [D]

21. [A] [B] [C] [D]
22. [A] [B] [C] [D]
23. [A] [B] [C] [D]
24. [A] [B] [C] [D]
25. [A] [B] [C] [D]

26. [A] [B] [C] [D]
27. [A] [B] [C] [D]
28. [A] [B] [C] [D]
29. [A] [B] [C] [D]
30. [A] [B] [C] [D]

31. [A] [B] [C] [D]
32. [A] [B] [C] [D]
33. [A] [B] [C] [D]
34. [A] [B] [C] [D]
35. [A] [B] [C] [D]

36. [A] [B] [C] [D]
37. [A] [B] [C] [D]
38. [A] [B] [C] [D]
39. [A] [B] [C] [D]
40. [A] [B] [C] [D]

41. [A] [B] [C] [D]
42. [A] [B] [C] [D]
43. [A] [B] [C] [D]
44. [A] [B] [C] [D]
45. [A] [B] [C] [D]

二、阅读

46. [A] [B] [C] [D]
47. [A] [B] [C] [D]
48. [A] [B] [C] [D]
49. [A] [B] [C] [D]
50. [A] [B] [C] [D]

51. [A] [B] [C] [D]
52. [A] [B] [C] [D]
53. [A] [B] [C] [D]
54. [A] [B] [C] [D]
55. [A] [B] [C] [D]

56. [A] [B] [C] [D]
57. [A] [B] [C] [D]
58. [A] [B] [C] [D]
59. [A] [B] [C] [D]
60. [A] [B] [C] [D]

61. [A] [B] [C] [D]
62. [A] [B] [C] [D]
63. [A] [B] [C] [D]
64. [A] [B] [C] [D]
65. [A] [B] [C] [D]

66. [A] [B] [C] [D]
67. [A] [B] [C] [D]
68. [A] [B] [C] [D]
69. [A] [B] [C] [D]
70. [A] [B] [C] [D]

71. [A] [B] [C] [D]
72. [A] [B] [C] [D]
73. [A] [B] [C] [D]
74. [A] [B] [C] [D]
75. [A] [B] [C] [D]

76. [A] [B] [C] [D]
77. [A] [B] [C] [D]
78. [A] [B] [C] [D]
79. [A] [B] [C] [D]
80. [A] [B] [C] [D]

81. [A] [B] [C] [D]
82. [A] [B] [C] [D]
83. [A] [B] [C] [D]
84. [A] [B] [C] [D]
85. [A] [B] [C] [D]

86. [A] [B] [C] [D]
87. [A] [B] [C] [D]
88. [A] [B] [C] [D]
89. [A] [B] [C] [D]
90. [A] [B] [C] [D]

三、书写

91.

92.

93.

94.

95.

96.

97.

98.

99.

100.

汉 语 水 平 考 试 HSK (五 级) 答 题 卡

注意 | 请用 2B 铅笔这样写：■

一、听力

1. [A] [B] [C] [D]
2. [A] [B] [C] [D]
3. [A] [B] [C] [D]
4. [A] [B] [C] [D]
5. [A] [B] [C] [D]

6. [A] [B] [C] [D]
7. [A] [B] [C] [D]
8. [A] [B] [C] [D]
9. [A] [B] [C] [D]
10. [A] [B] [C] [D]

11. [A] [B] [C] [D]
12. [A] [B] [C] [D]
13. [A] [B] [C] [D]
14. [A] [B] [C] [D]
15. [A] [B] [C] [D]

16. [A] [B] [C] [D]
17. [A] [B] [C] [D]
18. [A] [B] [C] [D]
19. [A] [B] [C] [D]
20. [A] [B] [C] [D]

21. [A] [B] [C] [D]
22. [A] [B] [C] [D]
23. [A] [B] [C] [D]
24. [A] [B] [C] [D]
25. [A] [B] [C] [D]

26. [A] [B] [C] [D]
27. [A] [B] [C] [D]
28. [A] [B] [C] [D]
29. [A] [B] [C] [D]
30. [A] [B] [C] [D]

31. [A] [B] [C] [D]
32. [A] [B] [C] [D]
33. [A] [B] [C] [D]
34. [A] [B] [C] [D]
35. [A] [B] [C] [D]

36. [A] [B] [C] [D]
37. [A] [B] [C] [D]
38. [A] [B] [C] [D]
39. [A] [B] [C] [D]
40. [A] [B] [C] [D]

41. [A] [B] [C] [D]
42. [A] [B] [C] [D]
43. [A] [B] [C] [D]
44. [A] [B] [C] [D]
45. [A] [B] [C] [D]

二、阅读

46. [A] [B] [C] [D]
47. [A] [B] [C] [D]
48. [A] [B] [C] [D]
49. [A] [B] [C] [D]
50. [A] [B] [C] [D]

51. [A] [B] [C] [D]
52. [A] [B] [C] [D]
53. [A] [B] [C] [D]
54. [A] [B] [C] [D]
55. [A] [B] [C] [D]

56. [A] [B] [C] [D]
57. [A] [B] [C] [D]
58. [A] [B] [C] [D]
59. [A] [B] [C] [D]
60 [A] [B] [C] [D]

61. [A] [B] [C] [D]
62. [A] [B] [C] [D]
63. [A] [B] [C] [D]
64. [A] [B] [C] [D]
65. [A] [B] [C] [D]

66. [A] [B] [C] [D]
67. [A] [B] [C] [D]
68. [A] [B] [C] [D]
69. [A] [B] [C] [D]
70. [A] [B] [C] [D]

71. [A] [B] [C] [D]
72. [A] [B] [C] [D]
73. [A] [B] [C] [D]
74. [A] [B] [C] [D]
75. [A] [B] [C] [D]

76. [A] [B] [C] [D]
77. [A] [B] [C] [D]
78. [A] [B] [C] [D]
79. [A] [B] [C] [D]
80. [A] [B] [C] [D]

81. [A] [B] [C] [D]
82. [A] [B] [C] [D]
83. [A] [B] [C] [D]
84. [A] [B] [C] [D]
85. [A] [B] [C] [D]

86. [A] [B] [C] [D]
87. [A] [B] [C] [D]
88. [A] [B] [C] [D]
89. [A] [B] [C] [D]
90. [A] [B] [C] [D]

三、书写

91.

92.

93.

94.

95. _____

96. _____

97. _____

98. _____

99.

100.

汉语水平考试 HSK（五级）答题卡

—— 请填写考生信息 ——

按照考试证件上的姓名填写：

姓名

如果有中文姓名，请填写：

中文姓名

考生序号

[0] [1] [2] [3] [4] [5] [6] [7] [8] [9]
[0] [1] [2] [3] [4] [5] [6] [7] [8] [9]
[0] [1] [2] [3] [4] [5] [6] [7] [8] [9]
[0] [1] [2] [3] [4] [5] [6] [7] [8] [9]
[0] [1] [2] [3] [4] [5] [6] [7] [8] [9]

—— 请填写考点信息 ——

考点代码

[0] [1] [2] [3] [4] [5] [6] [7] [8] [9]
[0] [1] [2] [3] [4] [5] [6] [7] [8] [9]
[0] [1] [2] [3] [4] [5] [6] [7] [8] [9]
[0] [1] [2] [3] [4] [5] [6] [7] [8] [9]
[0] [1] [2] [3] [4] [5] [6] [7] [8] [9]
[0] [1] [2] [3] [4] [5] [6] [7] [8] [9]
[0] [1] [2] [3] [4] [5] [6] [7] [8] [9]

国籍

[0] [1] [2] [3] [4] [5] [6] [7] [8] [9]
[0] [1] [2] [3] [4] [5] [6] [7] [8] [9]
[0] [1] [2] [3] [4] [5] [6] [7] [8] [9]

年龄

[0] [1] [2] [3] [4] [5] [6] [7] [8] [9]
[0] [1] [2] [3] [4] [5] [6] [7] [8] [9]

性别　　男 [1]　　　　女 [2]

注意　　请用2B铅笔这样写：▬

一、听力

1. [A] [B] [C] [D]　　6. [A] [B] [C] [D]　　11. [A] [B] [C] [D]　　16. [A] [B] [C] [D]　　21. [A] [B] [C] [D]
2. [A] [B] [C] [D]　　7. [A] [B] [C] [D]　　12. [A] [B] [C] [D]　　17. [A] [B] [C] [D]　　22. [A] [B] [C] [D]
3. [A] [B] [C] [D]　　8. [A] [B] [C] [D]　　13. [A] [B] [C] [D]　　18. [A] [B] [C] [D]　　23. [A] [B] [C] [D]
4. [A] [B] [C] [D]　　9. [A] [B] [C] [D]　　14. [A] [B] [C] [D]　　19. [A] [B] [C] [D]　　24. [A] [B] [C] [D]
5. [A] [B] [C] [D]　　10. [A] [B] [C] [D]　　15. [A] [B] [C] [D]　　20. [A] [B] [C] [D]　　25. [A] [B] [C] [D]

26. [A] [B] [C] [D]　　31. [A] [B] [C] [D]　　36. [A] [B] [C] [D]　　41. [A] [B] [C] [D]
27. [A] [B] [C] [D]　　32. [A] [B] [C] [D]　　37. [A] [B] [C] [D]　　42. [A] [B] [C] [D]
28. [A] [B] [C] [D]　　33. [A] [B] [C] [D]　　38. [A] [B] [C] [D]　　43. [A] [B] [C] [D]
29. [A] [B] [C] [D]　　34. [A] [B] [C] [D]　　39. [A] [B] [C] [D]　　44. [A] [B] [C] [D]
30. [A] [B] [C] [D]　　35. [A] [B] [C] [D]　　40. [A] [B] [C] [D]　　45. [A] [B] [C] [D]

二、阅读

46. [A] [B] [C] [D]　　51. [A] [B] [C] [D]　　56. [A] [B] [C] [D]　　61. [A] [B] [C] [D]　　66. [A] [B] [C] [D]
47. [A] [B] [C] [D]　　52. [A] [B] [C] [D]　　57. [A] [B] [C] [D]　　62. [A] [B] [C] [D]　　67. [A] [B] [C] [D]
48. [A] [B] [C] [D]　　53. [A] [B] [C] [D]　　58. [A] [B] [C] [D]　　63. [A] [B] [C] [D]　　68. [A] [B] [C] [D]
49. [A] [B] [C] [D]　　54. [A] [B] [C] [D]　　59. [A] [B] [C] [D]　　64. [A] [B] [C] [D]　　69. [A] [B] [C] [D]
50. [A] [B] [C] [D]　　55. [A] [B] [C] [D]　　60. [A] [B] [C] [D]　　65. [A] [B] [C] [D]　　70. [A] [B] [C] [D]

71. [A] [B] [C] [D]　　76. [A] [B] [C] [D]　　81. [A] [B] [C] [D]　　86. [A] [B] [C] [D]
72. [A] [B] [C] [D]　　77. [A] [B] [C] [D]　　82. [A] [B] [C] [D]　　87. [A] [B] [C] [D]
73. [A] [B] [C] [D]　　78. [A] [B] [C] [D]　　83. [A] [B] [C] [D]　　88. [A] [B] [C] [D]
74. [A] [B] [C] [D]　　79. [A] [B] [C] [D]　　84. [A] [B] [C] [D]　　89. [A] [B] [C] [D]
75. [A] [B] [C] [D]　　80. [A] [B] [C] [D]　　85. [A] [B] [C] [D]　　90. [A] [B] [C] [D]

三、书写

91.

92.

93.

94.

不要写到框线以外！　　　　95-100题接背面

95. _____

96. _____

97. _____

98. _____

99.

4

8

100.

48

80

汉语水平考试 HSK（五 级）答题卡 ■

—— 请填写考生信息 ——

照考试证件上的姓名填写：

姓名

1果有中文姓名，请填写：

中文姓名

考生序号
[0] [1] [2] [3] [4] [5] [6] [7] [8] [9]
[0] [1] [2] [3] [4] [5] [6] [7] [8] [9]
[0] [1] [2] [3] [4] [5] [6] [7] [8] [9]
[0] [1] [2] [3] [4] [5] [6] [7] [8] [9]
[0] [1] [2] [3] [4] [5] [6] [7] [8] [9]

—— 请填写考点信息 ——

考点代码
[0] [1] [2] [3] [4] [5] [6] [7] [8] [9]
[0] [1] [2] [3] [4] [5] [6] [7] [8] [9]
[0] [1] [2] [3] [4] [5] [6] [7] [8] [9]
[0] [1] [2] [3] [4] [5] [6] [7] [8] [9]
[0] [1] [2] [3] [4] [5] [6] [7] [8] [9]
[0] [1] [2] [3] [4] [5] [6] [7] [8] [9]

国籍
[0] [1] [2] [3] [4] [5] [6] [7] [8] [9]
[0] [1] [2] [3] [4] [5] [6] [7] [8] [9]
[0] [1] [2] [3] [4] [5] [6] [7] [8] [9]

年龄
[0] [1] [2] [3] [4] [5] [6] [7] [8] [9]
[0] [1] [2] [3] [4] [5] [6] [7] [8] [9]

性别　　男 [1]　　女 [2]

注意　　请用 2B 铅笔这样写：■

一、听力

1. [A] [B] [C] [D]
2. [A] [B] [C] [D]
3. [A] [B] [C] [D]
4. [A] [B] [C] [D]
5. [A] [B] [C] [D]

6. [A] [B] [C] [D]
7. [A] [B] [C] [D]
8. [A] [B] [C] [D]
9. [A] [B] [C] [D]
10. [A] [B] [C] [D]

11. [A] [B] [C] [D]
12. [A] [B] [C] [D]
13. [A] [B] [C] [D]
14. [A] [B] [C] [D]
15. [A] [B] [C] [D]

16. [A] [B] [C] [D]
17. [A] [B] [C] [D]
18. [A] [B] [C] [D]
19. [A] [B] [C] [D]
20. [A] [B] [C] [D]

21. [A] [B] [C] [D]
22. [A] [B] [C] [D]
23. [A] [B] [C] [D]
24. [A] [B] [C] [D]
25. [A] [B] [C] [D]

26. [A] [B] [C] [D]
27. [A] [B] [C] [D]
28. [A] [B] [C] [D]
29. [A] [B] [C] [D]
30. [A] [B] [C] [D]

31. [A] [B] [C] [D]
32. [A] [B] [C] [D]
33. [A] [B] [C] [D]
34. [A] [B] [C] [D]
35. [A] [B] [C] [D]

36. [A] [B] [C] [D]
37. [A] [B] [C] [D]
38. [A] [B] [C] [D]
39. [A] [B] [C] [D]
40. [A] [B] [C] [D]

41. [A] [B] [C] [D]
42. [A] [B] [C] [D]
43. [A] [B] [C] [D]
44. [A] [B] [C] [D]
45. [A] [B] [C] [D]

二、阅读

46. [A] [B] [C] [D]
47. [A] [B] [C] [D]
48. [A] [B] [C] [D]
49. [A] [B] [C] [D]
50. [A] [B] [C] [D]

51. [A] [B] [C] [D]
52. [A] [B] [C] [D]
53. [A] [B] [C] [D]
54. [A] [B] [C] [D]
55. [A] [B] [C] [D]

56. [A] [B] [C] [D]
57. [A] [B] [C] [D]
58. [A] [B] [C] [D]
59. [A] [B] [C] [D]
60. [A] [B] [C] [D]

61. [A] [B] [C] [D]
62. [A] [B] [C] [D]
63. [A] [B] [C] [D]
64. [A] [B] [C] [D]
65. [A] [B] [C] [D]

66. [A] [B] [C] [D]
67. [A] [B] [C] [D]
68. [A] [B] [C] [D]
69. [A] [B] [C] [D]
70. [A] [B] [C] [D]

71. [A] [B] [C] [D]
72. [A] [B] [C] [D]
73. [A] [B] [C] [D]
74. [A] [B] [C] [D]
75. [A] [B] [C] [D]

76. [A] [B] [C] [D]
77. [A] [B] [C] [D]
78. [A] [B] [C] [D]
79. [A] [B] [C] [D]
80. [A] [B] [C] [D]

81. [A] [B] [C] [D]
82. [A] [B] [C] [D]
83. [A] [B] [C] [D]
84. [A] [B] [C] [D]
85. [A] [B] [C] [D]

86. [A] [B] [C] [D]
87. [A] [B] [C] [D]
88. [A] [B] [C] [D]
89. [A] [B] [C] [D]
90. [A] [B] [C] [D]

三、书写

91.

92.

93.

94.

不要写到框线以外！　　　　　95-100题接背面

95. _____

96. _____

97. _____

98. _____

99.

100.